Feliz de aprender en la escuela

Feliz de aprender en la escuela

Cómo las neurociencias afectivas y sociales pueden cambiar la educación

Traducción de Nuria Viver

Grijalbo

Título original: *Heureux d'apprendre à l'école*

Primera edición: febrero de 2019

© 2018, Robert Laffont, París
© 2018, Les Arènes, París
© 2019, Penguin Random House Grupo Editorial, S. A. U.
Travessera de Gràcia, 47-49. 08021 Barcelona
© 2019, Nuria Viver, por la traducción

Printed in Spain – Impreso en España

ISBN: 978-84-17338-29-9
Depósito legal: B-395-2019

Compuesto por Miguel Ángel Pascual

Impreso en Limpergraf
Barberà del Vallès (Barcelona)

DO38299

Penguin
Random House
Grupo Editorial

Índice

Introducción

¿Por qué una pediatra se entromete en los asuntos de la escuela?

Las razones son sencillas. He atendido en mi consulta a cientos de niños. Unas veces no querían ir a la escuela o sufrían fracaso escolar, y otras veces los deberes en casa terminaban en pelea. Los había que eran víctimas de acoso o, al contrario, agresores. En definitiva, niños que sufrían y llegaban a la consulta del pediatra porque sus padres, desamparados, a menudo no estaban mejor que sus hijos, pero no tenían ningunas ganas de acudir ellos mismos a un psicólogo o a un psiquiatra. También he recibido a numerosos profesores, a su vez padres, que han compartido conmigo su desconcierto en el ejercicio de su profesión. Por supuesto, todas estas experiencias me han llevado a interrogarme sobre el profundo malestar generado en la escuela y sobre si existen pistas para mejorar esta situación.

No quiero pintarlo todo negro, he conocido a muchos niños felices en la escuela, así como a docentes motivados y entusiastas. Es cierto que siempre habrá niños que saldrán adelante sea cual sea su entorno, pero no podemos quedarnos con los brazos cruzados ante tantos profesores agotados, quemados, y ante esos niños que, cuando se habla de escuela, manifiestan su ansiedad, su angustia, o que sufren fracaso escolar y tienen dificultades para leer y escribir (40 % en CM2 [equivalente a 5.º de primaria], diez años).

Estoy convencida de que esta situación se puede mejorar y que eso implica una formación profunda de los profesores —inicial y continua— que les aporte un auténtico entendimiento del desarrollo del niño y el adolescente, de sus necesidades fundamentales, así como de la afectividad y la aptitud para las relaciones sociales. Este bagaje les permitiría comprender mucho mejor a sus alumnos, apoyarlos con mayor eficacia, porque los nuevos conocimientos sobre el cerebro del niño y el adolescente pueden ayudarlos a encontrar la actitud más favorable para el desarrollo de sus alumnos.

Una de mis mayores sorpresas cuando salió mi libro *Pour une enfance heureuse*[1] fue ver el interés que mostraron los inspectores de la Educación Nacional y los profesores por mi trabajo y por las investigaciones de neurociencias afectivas. Esto me llevó a dar numerosas conferencias ante un público formado por docentes, a menudo entusiastas ante estos nuevos conocimientos e impacientes por ponerlos en práctica. Por eso he querido centrar estas páginas en la escuela.

En este libro abordaré ante todo la calidad de la relación profesor-alumno y sus consecuencias: veremos en qué y cómo la relación que el profesor tiene con el alumno impacta profundamente en su cerebro y, en consecuencia, en su manera de ser y aprender.

Esto no significa en absoluto que la transmisión de saberes sea secundaria; es fundamental, pero no es el tema de este libro. Por otra parte, esta transmisión no entra en oposición con el deseo de ayudar al niño o al adolescente a abrirse al conocimiento, a construir su personalidad, su capacidad de reflexión y de discernimiento.

Me interrogaré sobre el lugar de las emociones y la empatía en la escuela, y el papel de lo que se conoce como «competencias socioemocionales». A continuación, trataré sobre el concepto de apego en la escuela y su significado.

Tras haber profundizado en todos estos puntos fundamentales, convencida de que la relación con el alumno no viene dada, analizaré los numerosos trabajos científicos que muestran que esta puede mejorarse, trabajarse y aprenderse. Veremos que existen numerosas formaciones en todo el mundo para el desarrollo de estas famosas competencias socioemocionales, e insistiré en especial en una de ellas: la comunicación no violenta (denominación internacional), también llamada «relación consciente» o «relación empática». Expondré los numerosos estudios realizados en escuelas de todo el mundo que analizan los beneficios del desarrollo de estas competencias, tanto para los profesores como para los alumnos. Me interrogaré después sobre la actitud que debe adoptarse para dar confianza a los alumnos: ¿es mejor felicitarlos o animarlos?

La última parte (capítulos 14 y 15) trata del cerebro. Empezaré hablando de estudios muy recientes que analizan los efectos de una relación de calidad sobre el cerebro de los niños y los adolescentes. Después abordaré el tema del estrés, sus causas, sus consecuencias y los múltiples trabajos científicos que muestran sus efectos sobre el cerebro del niño y el adolescente, en especial en caso de maltrato emocional.

Por último, terminaré con un capítulo sobre el cerebro del adolescente (capítulo 16), que hasta hace muy poco no ha sido objeto de investigaciones.

Concluiré este libro abogando en favor de los profesores, para que puedan recibir una formación profunda que les permita desarrollar sus competencias socioemocionales.

1. La calidad de la relación profesor-alumno es determinante

La calidad de la relación que se teje entre un adulto y un niño es decisiva para el niño y para su futuro. A lo largo de este libro veremos que es esencial para el aprendizaje, así como para la memorización, la motivación, la creatividad, la cooperación en clase, el desarrollo, la realización y el bienestar del niño y el adolescente. Veremos que contribuye también al bienestar del profesor y a su sensación de competencia, lo cual es, sin duda, fundamental.

Para comprender mejor este reto, contamos con nuevos conocimientos apasionantes sobre el ser humano y su desarrollo, en especial las neurociencias afectivas y sociales (NAS), que nos conducen a reflexionar sobre la manera de ser de los adultos en contacto con los niños.

La profesión de profesor requiere competencias múltiples. Una vez más, no existe oposición entre el deseo de difundir conocimientos y el de ayudar al niño o al adolescente a construir su personalidad, a reflexionar sobre lo que es y sobre sus relaciones con los demás, y a evolucionar en un entorno a la vez tranquilo y estimulante. El profesor transmite conocimientos, por supuesto, pero, ante los alumnos, y ante los alumnos difíciles, su actitud, su manera de ser y su posicionamiento son esenciales. En función de estos elementos, estimulará —o no— en sus alumnos el deseo de aprender.

¿Esta actitud se aprende? Algunos profesores encuentran de forma natural la actitud justa para con sus alumnos. Pero en la mayoría de los casos, desde mi punto de vista, es necesario trabajar la relación con el alumno a lo largo de todo el recorrido profesional del docente, tanto en la formación inicial como en la formación continua; de lo contrario los conocimientos no se transmitirán de manera óptima.

Las intuiciones de los pedagogos eran acertadas

Sabemos intuitivamente, en el fondo de nosotros, con qué tipo de relación nos sentimos bien y tenemos ganas de aprender, de comprender, de progresar y de participar en la marcha del mundo. Cuando dedicamos tiempo a interrogarnos, descubrimos que tenemos una necesidad imperiosa y vital de relaciones tranquilas, de personas que nos comprendan, nos acepten de manera incondicional, con nuestras luces y sombras, y nos den confianza. Nos apoyamos en los que nos apoyan y nos animan cuando emprendemos algo. Esto parece una evidencia.

Pero ¿es eso lo que un profesor ofrece a sus alumnos? Vayamos más allá, ¿qué ocurre con sus relaciones cotidianas? ¿Vive esta apertura, esta confianza y esta empatía en la familia, con los colegas, en las relaciones de vecindad, en el barrio? ¿Es posible?

A menudo, cuando intuimos esta necesidad fundamental, tendemos a rechazarla pensando: «Si hablo de esto, me tomarán por una persona ingenua, idealista y simplista. Además, el mundo real no es así, no vivimos en un universo de ositos cariñosos, las relaciones humanas son duras, rudas, con frecuencia llenas de animosidad, incluso de humillaciones y violencia, por lo tanto es imposible tener este tipo de relaciones».

Las neurociencias afectivas y sociales confirman que esta intuición es justa y que las relaciones empáticas, de apoyo y amorosas son la condición necesaria para el desarrollo del cerebro del niño y el adolescente. Las investigaciones científicas confirman, pues, lo que muchos de nosotros presentíamos. Es un avance importante en la comprensión del desarrollo del ser humano. Si numerosos pedagogos saben intuitivamente y desde hace tiempo lo que hay que aportar a los niños para que se desarrollen bien, el resto es poner en práctica este conocimiento.

||||||||||||||||||||||||||||||||||||||||||||||||||||||||||||||||||||||||||||||||||||||||||

Carl Rogers, un pionero

Quiero rendir aquí homenaje a Carl Rogers (1902-1987), líder de la psicología humanista. Comprendió desde principios del siglo xx que la calidad de la relación y la empatía son indispensables para el desarrollo óptimo de la persona, su bienestar y su identidad.

Fundador del «enfoque centrado en la persona», desarrolló un proceso terapéutico que se basa en el respeto y la comprensión empática, en especial mediante la técnica del espejo, en la que reformula las declaraciones del paciente para que comprenda mejor sus propias creencias y emociones. El terapeuta presta atención a las emociones que suscita la relación entre él y su paciente. Debe ser «auténtico». Rogers recomienda un calor «óptimo» para que el paciente se sienta seguro psicológicamente y pueda reconocer sus verdaderos afectos. En su época fue revolucionario, pero por desgracia no fue comprendido; a buen seguro su pensamiento innovador resultaba demasiado incómodo, era demasiado avanzado.

Las neurociencias afectivas y sociales confirman las intuiciones de este pionero.

||||||||||||||||||||||||||||||||||||||||||||||||||||||||||||||||||||||||||||||||||||||||||||||||||||

La revolución de las neurociencias afectivas y sociales

Las neurociencias son las ciencias del cerebro. Su objetivo es estudiar el funcionamiento de este órgano. Esta exploración dio lugar primero, en la década de 1970, a las neurociencias cognitivas, que analizan los mecanismos cerebrales de lo que es cognitivo, intelectual: la atención, la memoria, el pensamiento, el lenguaje, etc. A finales del siglo xx nacieron las neurociencias afectivas y sociales (las NAS).

En la actualidad, en el siglo xxi, este tipo de investigaciones, muy activas, se dan en el mundo entero. Las neurociencias afectivas y sociales estudian los mecanismos cerebrales de las emociones, los sentimientos y las capacidades de relación, así como el profundo impacto que tienen en el cerebro y, por lo tanto, en el desarrollo de la persona.

El interés por las relaciones, las emociones y los sentimientos puede parecer evidente en nuestros días, pero hace unos decenios estos temas no eran en absoluto el centro de las reflexiones científicas e intelectuales. En aquella época ignorábamos que existía un circuito cerebral de las emociones. Lo «sentido» se consideraba accesorio, mientras que las funciones intelectuales y la razón se valorizaban.

El principal interés de las NAS es ayudar a entender lo que es necesario para el correcto desarrollo del ser humano aportando una validación científica, lo que constituye un avance fundamental, una auténtica revolución.

Veamos una breve exposición de las principales aportaciones de esta disciplina que iluminará la exploración de la relación profesor-alumno a lo largo de todo el libro.

El papel esencial de las emociones

Como veremos en el capítulo 2, ahora sabemos que prestar atención a lo que sentimos es necesario para la construcción de la persona, para la conciencia y el conocimiento propios, para el desarrollo de las capacidades de reflexión, de la capacidad de elegir y del sentido moral. Las emociones, largo tiempo consideradas como obstáculos que había que superar, se han convertido en nuestras aliadas.

El cerebro es un órgano social que necesita relaciones de calidad para desarrollarse

Durante el siglo xx, el estudio del cerebro se reducía a las competencias cognitivas, motoras y sensoriales. Después, de manera progresiva, los investigadores descubrieron que existían estructuras cerebrales y circuitos neuronales consagrados a las emociones y a las relaciones sociales. Hoy sabemos que gran parte del cerebro se dedica a las relaciones sociales, lo cual viene a confirmar lo que intuíamos: las relaciones son el núcleo de nuestra vida. Un cerebro sin conexión y sin suficientes desafíos es un cerebro que sufre.

El aislamiento es nefasto, las relaciones son vitales. No obstante, lo esencial no reside en la multiplicidad de las relaciones, sino en su calidad, que resulta fundamental para lo que somos y lo que seremos.

Las relaciones afectivas modifican en profundidad el cerebro del niño

Una de las grandes particularidades del niño y el adolescente es que tienen un cerebro sumamente maleable; cuanto más joven, más maleable. Según los descubrimientos más avanzados de las NAS, las relaciones experimentadas modifican en profundidad el cerebro: influyen en la secreción de los neurotransmisores, el desarrollo de las neuronas, su mielinización, las sinapsis, los circuitos neuronales, las estructuras cerebrales, la expresión de ciertos genes, los telómeros de los cromosomas y también los sistemas que rigen el estrés.

Estas modificaciones cerebrales tienen, por supuesto, consecuencias en el propio niño, su desarrollo, su comportamiento, su salud física y mental, sus capacidades intelectuales y, por lo tanto, sus capacidades de aprendizaje.[1]

Una relación empática y de apoyo favorece el desarrollo del cerebro del niño y a la inversa

Los investigadores de NAS nos muestran que el cerebro del niño necesita relaciones empáticas y de apoyo para desarrollarse de manera óptima. Por el contrario, las relaciones que lo desvalorizan y lo humillan entorpecen el desarrollo de su cerebro.

En otras palabras, la maduración y el desarrollo del cerebro dependen no solo de los genes, sino también del entorno afectivo y social. Es más, este entorno desempeña un papel preponderante y puede modificar la expresión de ciertos genes que tienen impacto en la evolución del cerebro, que se desarrollará en un sentido positivo cuando las relaciones sean empáticas y de apoyo, y en un sentido negativo cuando las relaciones sean degradantes y humillantes. Es el campo de la epigenética, de la que hablaremos en la página 194.

¿Qué entendemos aquí por apoyo? Joan Luby, profesora de psiquiatría de la Universidad Washington de Saint

Louis, en Estados Unidos, trabaja en los efectos del apoyo en el cerebro de los niños y los adolescentes. La persona que apoya, según Luby, dirige una mirada positiva sobre el niño, es consciente de su desarrollo emocional y le aporta bienestar afectivo. Es capaz de favorecer su autonomía, de apoyarlo y de validar sus procesos cuando busca soluciones para resolver sus dificultades.

El cerebro del niño es inmaduro, maleable, frágil

Estas investigaciones nos alertan sobre los retos del papel educativo, nos ayudan a comprender mejor al niño y modifican la visión que tenemos de él. Nos dicen que el cerebro infantil es mucho más inmaduro, maleable y vulnerable de lo que imaginábamos hasta ahora. Ocuparse de un niño requiere mucha paciencia y empatía por parte de los adultos, porque la maduración del cerebro humano se escalona a lo largo de muchos años y acaba tarde, hacia los veinticinco.

Hasta los cinco años, el cerebro arcaico y emocional domina al niño, lo que explica las tormentas interiores en las que se sume y lo hacen incapaz de gestionar sus emociones. Debo decir que mi propia forma de ver a los niños ha cambiado por completo. He cometido errores por ignorancia; pensaba, como nos decían, que cuando el niño era presa de una tormenta emocional se trataba de una rabieta. Me siento en deuda con todos los investigadores gracias a los cuales ahora comprendo mejor al niño y siento empatía y compasión ante, por ejemplo, un pequeño de dos o tres años que se retuerce por el suelo de cólera, llora desconsolado o grita de miedo. Sé que no lo hace adrede, que sufre de verdad y que esa actitud se debe a la inmadurez de su corteza orbitofrontal y de los circuitos neuronales que unen esta corteza al cerebro emocional y arcaico. Ahora sé que, en lugar de decirle «¡Cálmate!» o «Deja de llorar», comprender sus emociones, ayudarlo a expresarlas y tranquilizarlo favorecerá poco a poco la maduración de su cerebro. No se trata de ceder si no está justificado, en absoluto, sino de tratarlo con benevolencia.

Gracias a todas estas investigaciones, no podemos seguir ignorando la gran fragilidad del cerebro del niño y los efectos extremadamente dañinos de las humillaciones verbales o físicas sobre el desarrollo global —cognitivo y afectivo— de su cerebro.

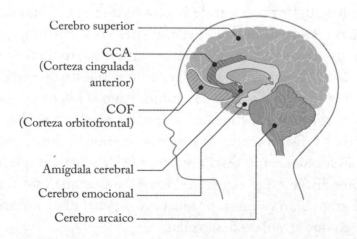

Figura 1. El cerebro del niño. Antes de los cinco años, el niño está dominado por su cerebro emocional y arcaico.

La violencia educativa
y sus consecuencias

En un informe de 2014, Unicef recuerda que la mayoría de los niños del mundo sufren a diario violencia verbal o física tanto en su familia como en la escuela. Quiero insistir en ese «la mayoría». Eso significa que en nuestro planeta hay más niños sometidos a una educación humillante que niños que crecen en un entorno que los trata bien. Además, precisa que los adultos en cuestión actúan creyendo que lo hacen bien.

Esta violencia es un tabú no reconocido por la mayoría de los adultos, bien por ignorancia, bien por esa facultad de negación que nos impide tomar conciencia de una realidad que nos molesta. Por algo Unicef ha titulado su informe sobre la violencia sufrida por los niños «Ocultos a plena luz».

Desde hace siglos y en todo el planeta, la mayoría de los adultos piensan de buena fe que el ser humano nace malo, salvaje, que lleva el mal en sí mismo, que es un ser perverso.[2] Así pues, se impone erradicar esas malas inclinaciones del niño, y son muchos los que creen, con la mejor intención del mundo, que la buena educación consiste en domar al niño, castigarlo, humillarlo verbal y físicamente para que se comporte bien, para que adquiera una disciplina y se dé cuenta de que el aprendizaje exige esfuerzo. Hoy sabemos que este tipo de educación es contraproducente y genera lo contrario de lo que se quiere desarrollar.

Las educaciones punitivas y severas tienen efectos deplorables

En 2013, Rebecca Waller, entonces investigadora en la Universidad de Oxford, hizo balance de treinta estudios sobre educaciones punitivas y severas y llegó a la conclusión de que los efectos son deplorables y contrarios al objetivo buscado. Este tipo de educación no mejora en absoluto al niño ni al adolescente; al contrario, los vuelve insensibles, duros, sin empatía, y suele dar lugar a conductas antisociales (agresividad, robo, drogas).

La tarea es pues ardua e inmensa. Las pruebas científicas están ahí, lo cual es un acontecimiento importante, pero las resistencias a los trabajos científicos siguen siendo numerosas y los escépticos son y serán, por supuesto, legión.

Hablaremos acerca de esta violencia educativa ordinaria y sobre todas las formas de maltrato en el capítulo 14 (p. 211).

Me gustaría recordar aquí estas palabras de Thomas d'Ansembourg,[3] para que nuestro mundo evolucione:

> Paul Watzlawick constató que «Si se hace lo que siempre se ha hecho, se obtiene lo que siempre se ha obtenido». Por lo tanto, si en casa, en la escuela y en todas partes, queremos relaciones humanas más pacíficas, más respetuosas y, por qué no, más alegres que las que vivimos a menudo, tendremos que actuar de otra manera. «La clave del cambio está en nuestra manera de pensar: si pienso de otra manera, actúo de otra manera y, por lo tanto, obtengo otra cosa.»

Pensar de otra manera es empezar a aceptar que, tanto en nuestra cultura como en muchas otras, la violencia se ha infiltrado en nuestras relaciones con los niños desde el nacimiento. No podemos cambiar la violencia descarada o sutil, física o psicológica que envenena la sociedad si no aceptamos mirar de frente lo que, desde la infancia, programa el cerebro humano para sufrir y después reproducir los esquemas que siempre ha conocido. Ahora bien, para la mayoría de los ciudadanos, la violencia, incluso sutil, que ha prevalecido en su infancia es tabú. Y así, sin ser conscientes de ello, muchos de nuestros conciudadanos, en especial padres y profesores, mantienen con su propia manera de ser la violencia que pretenden combatir.

Cuando el niño tiene un comportamiento inadecuado, ¿qué actitud hay que adoptar?

Cuando el niño (o el adolescente) tiene un comportamiento inadecuado —grita, insulta o es agresivo—, el adulto le dirá «no», por supuesto, pero sin dar un largo discurso. Puede decir, por ejemplo, «Esto no se hace», pero sin humillarlo o desvalorizarlo, sin decirle: «Eres malo, infernal, insoportable» o «Está muy mal lo que has hecho, no está bien». El niño —o el adolescente— sabe muy bien, en el fondo de sí mismo, lo que es justo y lo que no, y las palabras que lo rebajan tienen consecuencias desastrosas, como acabamos de ver.

Después, sabiendo que se halla ante un ser todavía muy inmaduro, el adulto lo calmará con su presencia comprensiva, su voz suave, su mirada benevolente y sus gestos tiernos. Una vez que el niño esté más calmado, lo ayudará a expresar lo que siente y, si es posible, la razón por la que ha dicho tal o cual cosa o se ha comportado de determinada manera.

Por último, y esto es esencial, lo animará: «Confío en ti. Cuando crezcas, aprenderás a actuar de otra manera». Esta actitud ayuda al cerebro del niño a madurar.

La importancia de la calidad del entorno afectivo y social para un buen desarrollo

La gran maleabilidad y fragilidad del cerebro del niño debe incitarnos a cuidar la calidad del ambiente en el que el pequeño evoluciona, a apartarlo lo máximo posible de los entornos maltratadores y a procurar que todos los adultos que están en contacto con él cuenten con apoyo y compañía y de ese modo puedan ser benevolentes. Porque ocuparse de los niños puede ser muy difícil para los adultos.

Sin embargo, nada es definitivo: un niño o un adolescente que sufre puede encontrar a alguien en su camino que sepa aportarle una actitud reconfortante, estimulante y benevolente, que lo abrirá a la resiliencia y le permitirá empezar de nuevo.

La resiliencia

La resiliencia es la capacidad de poder llevar una vida «normal» y feliz a pesar de haber pasado por experiencias traumáticas. Esta posibilidad de transformación se produce gracias a la maleabilidad del cerebro.

El factor de resiliencia más importante es el encuentro con personas benevolentes, que apoyan y son cariñosas, tanto en la vida familiar como social.[4]

En la década de 1980 las psicólogas estadounidenses Emmy Werner y Ruth Smith utilizaron por primera vez el concepto de resiliencia. Estudiaron a 643 niños nacidos en Hawái en 1954 a lo largo de toda su vida. Este estudio, todavía en curso, se centra en las facultades de resiliencia individual y muestra que el entorno familiar y comunitario es determinante, así como la capacidad personal de regular las emociones y entablar contactos.[5]

No obstante, no somos todos iguales ante la capacidad de resiliencia; la genética también interviene en esta facultad de superar las pruebas. Algunos genes participan en la resiliencia, como el 5-HTT (gen del transportador de la serotonina), el MAOA (gen de la monoamino oxidasa A) y el DRD4 (gen del receptor D4 de la dopamina). Por ello, algunas personas pueden ser más o menos resilientes en función de sus genes.

La relación profesor-alumno
en unas líneas

Numerosos estudios afirman que cuando el profesor tiene una relación cariñosa y empática con un niño los efectos repercuten en el propio profesor, que está satisfecho con su trabajo, y en el alumno, que se siente seguro y confiado, lo cual lo anima y lo estimula en su deseo de aprender;[6] progresa entonces en todos los campos: personal, social y escolar.

En una publicación de 2012, Terri Sabol, profesora de la Universidad de Northwestern, en las afueras de Chicago, recuerda los numerosos trabajos que analizan la influencia de la relación profesor-alumno sobre lo que es el niño y sobre su futuro en numerosos ámbitos: los resultados escolares, las aptitudes psicosociales, la motivación y el compromiso.[7]

En el capítulo 8 desarrollaré todos los beneficios de una relación dc calidad profesor-alumno tanto para el propio profesor como para el alumno. Veamos aquí solo los ejes esenciales de esta problemática.

Diferentes tipos de relación

La clase de relación profesor-alumno influirá en gran medida en el niño y en su futuro como alumno. Cuando esta relación es de calidad, los beneficios son numerosos e incluso pueden provocar la resiliencia en el niño que ha vivido acontecimientos difíciles o que procede de poblaciones de riesgo.

Los tipos de relación profesor-alumno pueden ser muy variables. El STRS (Student-Teacher Relationship Scale) identifica tres:

- **La proximidad** se refiere al grado de calor y afecto positivo entre el profesor y el alumno, con esta pregunta subyacente: ¿el niño se siente cómodo con el profesor?
- **El conflicto** se corresponde con una relación negativa o una ausencia de relación entre el profesor y el alumno; este tipo de relación es el que tendrá más consecuencias negativas en el niño.
- **La dependencia** existe cuando el niño muestra una actitud posesiva y acaparadora respecto al profesor.

La seguridad (o no) del niño en su relación con el profesor será uno de los factores determinantes que le permitirán (o no) abrirse a su entorno y al aprendizaje.

Por qué es un reto para los profesores

El oficio de profesor es una de las profesiones más estresantes porque exige muchas competencias de relación. En un artículo de 2015, Anne Milatz, de la Universidad de Viena, recuerda que el 30 % de los profesores están quemados o sufren malestar psicológico. Una de las causas frecuentes de ese *burn-out*, o agotamiento físico y emocional, se debe a las relaciones difíciles con los alumnos que tienen comportamientos perturbadores y les faltan al respeto.[8]

Para un profesor no siempre es fácil adoptar una actitud emocional positiva. A esto se añade lo que cada uno experimenta en su vida personal, las vicisitudes y las pruebas de la existencia, además de lo que ha vivido en su infancia y los tipos de apego que ha desarrollado.

Ocuparse de un niño o de un adolescente es difícil, exige haber conseguido regular las propias reacciones emocionales y saber inhibir la agresividad. Pero a veces la inhibición es incompleta y da lugar a comportamientos de agresión verbal o de humillación hacia los niños: «Qué torpe, qué inútil», «¡Este ejercicio es penoso, no has entendido nada!».

No basta con pedir a los profesores que actúen de «otra manera»: como todos los profesionales que se enfrentan a auténticos retos de relación, los docentes necesitan una verdadera formación para poder evolucionar en sus relaciones con los alumnos.

¿Cuáles son las condiciones óptimas para aprender? Las investigaciones de principios del siglo XXI

Numerosos investigadores han explorado este tema basándose en las neurociencias afectivas y sociales y asociándolas con las ciencias cognitivas y a las ciencias de la educación.

Hablemos aquí del gigantesco trabajo de John Hattie. Este investigador de la Universidad de Melbourne, Australia, llevó a cabo un trabajo colosal a lo largo de quince años: una síntesis de cincuenta mil estudios en el campo de la educación para determinar qué factores tienen mayor influencia en el éxito del alumno. Publicó su síntesis en el libro *Visible Learning*.[9] Sus investigaciones afectaron a 250 millones de alumnos. Después se publicaron otros dos libros: *Aprendizaje visible para profesores*[10] y *Visible Learning and the Science of How We Learn*.[11]

Una conclusión que hay que tener en cuenta de este trabajo único es que el profesor es el principal factor de cambio y de progreso en la escuela. Sus convicciones y su actitud tienen un efecto determinante en el aprendizaje de los alumnos. Hattie señala: «Los temas preferidos en las reuniones son los programas y las consideraciones materiales (tamaño de las clases, agrupación de los alumnos, salarios, naturaleza del entorno). Sin embargo, estos elementos no forman parte de los atributos que caracterizan una buena escolarización». ¿Cuáles son los ejes correctos para una escolarización lograda y eficaz?

Una relación de calidad y un clima de confianza

Hattie recomienda desarrollar lo que alimenta la relación profesor-alumno y lo que puede favorecer la sensación de seguridad y confianza en la clase. Recuerda que la actividad neuronal —y, por consiguiente, el aprendizaje— aumenta en presencia de emociones positivas y, a la inversa, se ralentiza en presencia de emociones negativas o de estrés elevado. Así, el profesor evita los juicios y no deja que los alumnos se juzguen entre ellos.

El error es bienvenido y no se estigmatiza. Favorece el aprendizaje y la toma de riesgos.

El profesor se comunica con el alumno y no lo deja en la pasividad

Este clima de confianza y respeto permite verdaderos intercambios entre profesores y alumnos, lo cual, según los estudios, es mucho más eficaz que una clase magistral en la pizarra.

El profesor mantiene el interés del alumno estimulándolo, confiándole retos realizables, incitándolo a preguntar, a evaluarse, escuchándolo, aportando «retroalimentaciones» sobre sus competencias, ejercitándolo en resumir y sintetizar, incitándolo a transmitir él mismo lo que ha comprendido.

El profesor se pone en el lugar del alumno y comenta sus competencias

La motivación y el éxito del alumno están relacionados con la percepción de sus propias capacidades. John Hattie destaca la importancia del *feed-back*, o retroalimentación, que es, según él, una de las piezas clave de la enseñanza. Aportar regularmente al alumno observaciones sobre su aprendizaje le da una conciencia clara de lo que sabe o no sabe, de cómo debe actuar para aprender este o aquel dato, del objetivo que tiene que alcanzar. Esto desarrolla sus capacidades para evaluarse.

El alumno que tiene dificultades no siempre es consciente de lo que no comprende. «Cuando uno sabe lo que no sabe, puede aprenderlo», dice John Hattie. Aquí es donde el papel del profesor resulta determinante, porque tiene que identificar dónde se sitúan las dificultades del alumno y comunicárselas. Guía y acompaña al alumno hacia su autonomía de aprendizaje. Motiva al alumno a concentrarse y perseverar en el esfuerzo.

Una vez más, el profesor, lo que es en sí mismo, y la calidad y la claridad de su enseñanza son la esencia del éxito escolar. Cuanto más profundice en su tema, cuantas mejores elecciones pedagógicas haga para los alumnos que tiene delante y cuanto más se implique en su propio desarrollo profesional, mejores serán los resultados.

El profesor ante las dificultades de los alumnos

Un profesor sabe que los contenidos deben reactivarse varias veces, con una activación repetida pero no repetitiva. «Cuando un alumno no comprende, no necesita más, necesita algo diferente», escribe John Hattie. El profesor utiliza referencias visuales y auditivas, estimula lo emocional dando vida a conceptos abstractos con historias y ejemplos.

Respeta el ritmo más lento o más rápido de cada alumno.

Pone en marcha estrategias ante las alteraciones del aprendizaje.

Favorece la colaboración y la cooperación entre los

alumnos; cada miembro de la clase tiene un papel y una tarea específica en un proyecto común.

¿Qué pasa con los deberes?

En sus muy numerosas observaciones, Hattie constata que en primaria los deberes no tienen impacto en el éxito. En secundaria sí pueden aportar algo más, pero los alumnos no deberían dedicarles más de una hora al día. Afirma que en los niños eficientes los deberes tienen poco impacto.

|||||||||||||||||||||||||||||||||||||||||||||||||||||||||||||||||||||||||||||||||||||||||||||||||||||||||||

Las condiciones óptimas para aprender

Resumamos la síntesis de John Hattie:

- **Qué contribuye mucho al aprendizaje:** la relación de confianza entre el profesor y el alumno, el *feed-back* del profesor, la participación activa de los alumnos, las estrategias de aprendizaje, la calidad de la clase, los programas de estímulo a la lectura, la formación continua de los profesores, la enseñanza de estrategias de resolución de problemas.
- **Qué contribuye bastante al aprendizaje:** las ofertas complementarias para los más eficientes, el aprendizaje cooperativo y la instrucción directa. La instrucción directa se basa en la interacción con los alumnos ayudándolos a resumir, a esclarecer y a cuestionar lo

que han comprendido. La instrucción se desarrolla en grupos pequeños, los alumnos se interpelan activamente y reciben una retroacción constante.

- **Qué contribuye un poco al aprendizaje:** los deberes, el tamaño de la clase, los medios financieros.
- **Qué no perjudica el aprendizaje, pero no lo favorece:** edades diferentes en la misma clase, la enseñanza y el aprendizaje basados en la web.
- **Qué perjudica el aprendizaje:** la repetición, mirar la televisión.

||||||||||||||||||||||||||||||||||||||||||||||||||||||||||||||||||||||||||||||||||||||||||||||||||||||

Como síntesis de sus investigaciones, John Hattie situó en el centro de la escuela la calidad de la relación del profesor con el alumno, noción esencial de las neurociencias afectivas y sociales, que a su vez se basa en un conocimiento profundo de las emociones.

Pero ¿qué es en realidad una emoción y qué ocurre con las emociones en la escuela?

2. ¿Qué pintan las emociones en la escuela?

¡Las emociones no deben alterar el trabajo escolar!

Juliette está en 3.º [equivalente a 3.º de la ESO], la conozco desde que era pequeña. Viene a verme porque es, me dice, «una auténtica olla a presión», a punto de «explotar». Cuenta que a principios de año su tutor les dijo: «Este año os sacaréis el título. Habrá que trabajar y trabajar duro. Por lo tanto, no quiero oír "Estoy cansado", "Me dan miedo los exámenes", etc. No sois unos blandengues. Tenéis que apretar los dientes. Este mundo es duro, no vivimos en un mundo de ositos cariñosos, tenéis que prepararos. ¿Comprendido? No quiero lágrimas, no quiero quejas…, y, sobre todo, nada de "El profesor Tal me tiene manía", "El alumno Cual me ha hecho esto", etc. Vuestras emociones no deben alterar el trabajo escolar. ¡Las emociones no deben inmiscuirse en la escuela! ¡Aquí venimos a trabajar!».

La reacción de este profesor refleja lo que piensa mucha gente: las emociones son inquietantes, molestas y perturbadoras. Por lo tanto, hay que ahogarlas, no prestarles atención y avanzar cueste lo que cueste, sobre todo en el mundo de la escuela y del trabajo. Sin embargo, como recuerda Joseph Durlak, profesor de psicología de la Universidad Loyola de Chicago:

> Enseñar y aprender en clase requiere competencias intelectuales, pero también emocionales y sociales. Los alumnos no aprenden solos, sino en colaboración con sus profesores, en compañía de sus semejantes y con el ánimo de su familia. Las escuelas y las familias deben comprender que las relaciones, lo que experimentamos, influyen en nuestra manera de aprender y en lo que aprendemos. Uno de los principales retos de las escuelas del siglo XXI es conseguir integrar alumnos que proceden de diferentes culturas y que tienen capacidades y motivaciones diversas para aprender.[1]

Qué sabemos de las emociones

Las emociones influyen en todos los aspectos de nuestra vida. Sin embargo, el hecho de tenerlas en cuenta en el desarrollo del ser humano, el reconocimiento de su papel en la vida afectiva, en el conocimiento de uno mismo, en nuestra manera de pensar, de elegir, de tener sentido moral, de aprender y de actuar es algo muy reciente. Durante mucho tiempo las emociones se han considerado accesorias, molestas, una muestra de debilidad.

Los pioneros: Carl Rogers y su alumno Marshall Rosenberg

Como ya hemos dicho, Carl Rogers (1902-1987), psicólogo humanista estadounidense, fue uno de los primeros que entendió la importancia de las emociones y de la empatía para desarrollar una relación de calidad y favorecer así el desarrollo del ser humano.

Su alumno Marshall Rosenberg (1934-2015) teorizó sobre el papel crucial de las emociones y puso al alcance de todos el proceso comunicación no violenta (CNV), que permite explorar y descubrir individualmente lo que las emociones nos dicen, vivir la empatía para uno mismo y para los demás. Volveremos a hablar de la CNV en el capítulo 7.

António Damásio o las emociones en primer plano

António Damásio, neurólogo, director del Instituto para el Estudio Neurológico de la Emoción y la Creatividad de Los Ángeles, fue uno de los primeros que describió el circuito cerebral de las emociones y que comprendió el papel de las emociones en la formación del individuo, y ello gracias a dos décadas de trabajos experimentales y de observaciones clínicas con gran número de pacientes que padecían trastornos neurológicos.

Su libro *El error de Descartes*,[2] cuyo título significa, sobre todo para los franceses, que debemos imperativamente revisar nuestra manera de considerar al ser humano, describe el papel esencial de las emociones en la reflexión, la toma de decisiones, el sentido moral y las relaciones. Su contribución ha sido fundamental en la comprensión del ser humano.

António Damásio empieza su libro recordando que cuando era niño le habían enseñado, como a muchos de nosotros, que solo puedes tomar buenas decisiones cuando estás tranquilo. En otras palabras, que la razón y las emociones no pueden ir de la mano, que las emociones son incluso enemigas de la razón.

> Yo consideraba que la razón y las emociones correspondían a circuitos neuronales independientes. Pero un día me enfrenté a un ser humano inteligente, el más frío, el menos emotivo que se pueda imaginar; ahora bien, su facultad de razonamiento estaba tan alterada que, en circunstancias distintas de la vida cotidiana, lo conducía a todo tipo de errores, lo hacía actuar siempre al revés de lo que se habría considerado socialmente apropiado y ventajoso para él. (…) Un solo síntoma parecía acompañar su incapacidad para comportarse de manera racional: era incapaz de expresar y sentir la menor emoción. (…) A partir de esta constatación, pensé que la expresión y la percepción de las emociones sin duda formaban parte de los mecanismos de la facultad de razonamiento.

Dicho de otro modo, si nos vemos privados de emociones por razones psicológicas o neurológicas, nuestras decisiones más racionales se vuelven insensatas.

Así pues, estos pacientes condujeron a António

Damásio a comprender el papel de las emociones. En algunos de ellos, que habían sufrido un accidente o una enfermedad (tumor, hemorragia, etc.), la zona cerebral destinada a las emociones, la corteza orbitofrontal (COF), estaba dañada, de manera que ya no experimentaban ningún sentimiento ni emoción. Damásio constató, con gran sorpresa, que estas personas conservaban el intelecto (CI normal), pero eran incapaces de razonar de manera correcta, de tomar buenas decisiones y hacer elecciones. Dado que ya no sentían nada, ya no estaban motivadas, no sabían lo que les correspondía, lo que era bueno o no para ellas y para los demás. Ya no tenían ningún sentido moral, no amaban, no experimentaban placer y eran indiferentes hacia sí mismas, hacia los demás y hacia lo que les ocurría. Su relación con la pareja, el trabajo, etc., se había convertido en un caos total a pesar de tener las facultades intelectuales indemnes.

Solemos pensar que nuestras opciones de vida resultan solo de nuestro intelecto. Sin embargo, estas observaciones han puesto en evidencia, de manera magistral, que para llevar una vida digna, dar sentido a la propia existencia o tomar decisiones es preciso tener un intelecto normal, por supuesto, pero también poder sentir lo que es bueno o no para uno mismo y para los demás, lo que nos corresponde. El papel fundamental de las emociones queda establecido así científicamente.

En su libro siguiente, *La sensación de lo que ocurre*,[3] António Damásio explora la función de las emociones en la construcción de la persona y de su identidad. De esta manera, demuestra la existencia de relaciones muy estrechas entre el cerebro, el cuerpo y las emociones.

No existe separación entre el cuerpo, las emociones y el cerebro

Durante mucho tiempo, en la escuela, el intelecto era la estrella. El cuerpo podía expresarse durante las horas de gimnasia, pero no había sitio para las emociones. El ser humano era considerado ante todo una máquina intelectual. Hoy sabemos que el pensamiento, el cuerpo y los afectos no se pueden separar. No existe una barrera entre estos tres sectores que interactúan de forma permanente. Nuestra visión del ser humano ha evolucionado. Es una unidad indisociable:

- Lo que pensamos tiene un efecto en nuestro cuerpo y en nuestras emociones.
- Lo que sentimos influye en nuestro intelecto y en nuestro cuerpo.
- Lo que el cuerpo vive repercute en nuestro intelecto y en lo que sentimos.

A lo largo del libro veremos que las zonas del cerebro destinadas a las emociones y a la afectividad se encuentran en relación constante con las zonas cognitivas destinadas a las funciones intelectuales, y que a su vez el desarrollo afectivo y emocional repercute en nuestra fisiología, en nuestro cuerpo, y favorece el desarrollo intelectual.

Consideremos primero **las emociones**. Lo que sentimos provoca una reacción profunda en nuestro cuerpo e influye en nuestros pensamientos. Por ejemplo, si experimentamos alegría, entusiasmo, miedo, cólera o tristeza, nuestro cuerpo y nuestros pensamientos reflejarán ese estado de ánimo.

> *En el recreo, Léa observa a Manon con envidia. Se dice: «Qué suerte tiene…, además de ir bien vestida es muy guapa. Los chicos se fijan en ella. Yo voy mal vestida y soy fea». Léa está celosa, triste y enojada. Su estado emocional repercute en su cuerpo, que se tensa, y en su cara, que se ensombrece y se crispa. Al mismo tiempo, estas emociones la hacen sufrir y le embotan la mente. Piensa: «Estoy harta, la vida es injusta, ¿por qué ella lo tiene todo y yo, nada?».*

Ahora, interesémonos por **el cuerpo**. Lo que vivimos en nuestro cuerpo influye en los sentimientos, pero también puede transformarlos.

> *Valérie, profesora, regresa de su clase de danza. Ha vivido su cuerpo plena e intensamente, y esto repercute en su humor. Se siente dichosa, llena de fuerza y energía. Además, se da cuenta de que sus pensamientos son diferentes, más positivos. Llega a la escuela y se dice: «Hoy me siento capaz de mover montañas, tengo un montón de ideas para mejorar mi enseñanza».*

Veamos lo que ocurre con **los pensamientos**. Nuestros pensamientos influyen en las emociones, pero también en el cuerpo.

Ali está en clase de 1.º y piensa en su futuro.
Le preguntan sin cesar qué le gustaría hacer más
adelante. Pasa revista a centenares de profesiones,
valora los pros y los contras, se hace preguntas y duda.
A fuerza de reflexionar, surgen emociones, la angustia
lo invade, le entra el pánico y su cuerpo también se
manifiesta: se le hace un nudo en la garganta y siente
espasmos en los intestinos, lo cual lo hace sufrir.

Formamos un todo, y la armonía entre nuestra vida afectiva, los sentimientos, el intelecto y el cuerpo es lo que nos permite vivir con serenidad, es decir, de acuerdo con lo que percibimos, pensamos y sentimos.

Todas nuestras experiencias, intelectuales, corporales o afectivas, tienen una repercusión en nosotros, nos construyen, nos modelan, nos transforman. Asimismo, nuestra manera de ser, nuestras palabras y nuestros gestos provocan en los demás sentimientos, emociones y pensamientos que los modificarán, y viceversa.

Las emociones, nosotros y los demás

La emoción (del latín *ex-movere*) es lo que nos pone en movimiento, nos conmueve, nos afecta.

Las emociones son la vida que late en nosotros

Las emociones son el reflejo de lo que sentimos en un momento dado, ante el entorno. «Explotar de alegría», «quedarte sin respiración», «tener la garganta seca», «sentir que el corazón te late desbocado», «tener las piernas flojas»… Todas estas expresiones muestran que las emociones son primero percepciones sensoriales, corporales.

Sorprende saber que las emociones, que parecen inmateriales, son primero una reacción biológica que tiene efectos directos —y en ocasiones muy intensos— en el cuerpo y que después influyen en todo el ser, en el humor y en los pensamientos.

A veces las emociones circulan en nosotros de manera muy rápida, muy fluctuante: del entusiasmo pasamos a la sorpresa y después a la inquietud. En una jornada, en función de lo que vivamos, de las personas con las que nos encontremos, podemos pasar por infinidad de emociones: confianza, tranquilidad, tristeza, inquietud, desamparo, miedo, alegría, hastío. Sin emociones no estaríamos vivos, seríamos robots.

Emociones y sentimientos

No haré distinciones entre «emoción» y «sentimiento» para no sobrecargar el texto; emplearé los dos términos de manera indiferente porque los dos pertenecen al ámbito de lo sentido. La emoción es la reacción inmediata, muy a menudo fugaz, mientras que la mayoría de las veces el sentimiento sigue a la emoción. Está en segundo plano, es mucho más duradero y tiñe nuestro humor. Por ejemplo, decimos: «Desde hace unos meses me *siento* llena de energía» o, al contrario, «Me *siento* casi siempre enojada o ansiosa», etc. Sobre estos sentimientos estables, se añaden las emociones fluctuantes del día como reacción a los acontecimientos exteriores.

No controlamos la aparición de las emociones, pero podemos evitar que nos desborden

Puesto que las emociones son primero una reacción bioló-gica, no podemos controlar su aparición: surgen de golpe y porrazo ante un acontecimiento exterior. No obstante, es conveniente no dejarse superar por las emociones, pues ello podría conducirnos a comportamientos inadecuados respecto a nosotros mismos y a los demás.

Los adultos pueden enfrentarse a sus emociones con dos condiciones: cuando la situación no es demasiado dramática y cuando la corteza orbitofrontal (COF) funciona de manera correcta.

La COF y los circuitos neuronales, que van de la COF a los cerebros emocional y arcaico, nos permiten regular las emociones y calmar a estos dos cerebros. Cuando experimentamos emociones desagradables, la COF nos permite calmarnos y tomar las decisiones correctas sin agredir al otro verbal o físicamente, sin huir o sin quedarnos pasmados.

El niño pequeño carece de la capacidad cerebral necesaria para enfrentarse a sus emociones

Hasta los cinco o seis años, la COF y sus circuitos neuronales todavía son inmaduros. Un hecho de suma importancia es que solo consiguen madurar en función de la actitud del entorno, empática o no.

> *Volvamos al ejemplo de Léa frente a Manon.*
> *Está celosa, triste y enojada. ¿Qué hará con sus emociones?*
> *¿Agredirá a Manon verbal o físicamente o se confiará a su mejor amiga? ¿Qué opción tomará?*

Antes de los cinco o seis años, cuando el niño está desbordado por las tormentas emocionales, le resulta muy difícil ver las cosas con perspectiva, analizar la situación o ser razonable porque su cerebro superior, todavía inmaduro, no le ofrece esta capacidad de control. Está dominado por sus cerebros arcaico y emocional. Por eso puede cometer, de manera involuntaria, actos violentos, encolerizarse en extremo, ponerse muy triste o sufrir miedos inmensos que lo harán sufrir mucho.

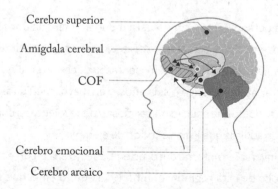

Cerebro superior
Amígdala cerebral
COF
Cerebro emocional
Cerebro arcaico

Figura 2. Circuitos cerebrales inmaduros. *En el niño pequeño, los circuitos cerebrales que van del COF a los cerebros emocional y arcaico y que regulan las emociones y los impulsos están inmaduros.*

La actitud empática y alentadora del adulto permite al niño controlar sus emociones

La corteza orbitofrontal, o COF, es una pequeña parte de la corteza prefrontal, situada por encima de las órbitas de los ojos, y solo se desarrolla bien si el niño evoluciona en un entorno benevolente, empático y de apoyo. Esta región del cerebro, muy valiosa, nos permite regular las emociones, tener un comportamiento ético, ser empáticos, amar y ser capaces de tomar decisiones.[4]

Si el adulto calma con cariño a un niño que es presa de tormentas emocionales —sin por ello ceder si no está justificado—, si lo ayuda a expresar sus emociones, propiciará la maduración de su cerebro. La COF que controla los cerebros emocional y arcaico se desarrollará más favorablemente, lo cual tendrá un impacto hasta la vida adulta. Poco a poco el niño será capaz de controlar sus emociones sin necesidad de gritar, de golpear.[5]

Una persona «razonable» está menos dominada por los cerebros emocional y arcaico. La corteza prefrontal y los circuitos cerebrales que nos permiten «ser razonables» no empiezan a madurar hasta los cinco o seis años, y en mayor medida si el niño ha recibido una educación cariñosa y benevolente en contacto con adultos que le han servido de ejemplo.[6]

A la inversa, un entorno duro, no empático, frena el correcto desarrollo de esta región y el niño (y el adulto en el que se convertirá) continuará presentando tormentas emocionales y comportamientos agresivos a una edad en la que ya debería haber aprendido a regular sus impulsos y sus emociones.

Tendrá dificultades para regular sus emociones, ser empático, amar, comportarse de forma ética y ser capaz de tomar
decisiones.[7]

||||||||||||||||||||||||||||||||||||||||||||||||||||||||||||||||||||||||||||||||||||||

Ni buenas ni malas, las emociones son agradables o desagradables y son el reflejo de nuestros deseos y necesidades profundas

Sobre las emociones no hay juicio moral que valga; no son ni buenas ni malas. Sí son agradables o desagradables, y pueden advertirnos de un peligro. Están ahí ante todo como una señal, un mensaje, y nos dicen si lo que vivimos se corresponde con nuestros deseos y necesidades esenciales.

Las emociones que experimentamos cuando nos sentimos alegres, curiosos, entusiastas, afortunados o tranquilos son agradables y nos confirman que vivimos de acuerdo con nosotros mismos, con lo que deseamos en el fondo de nuestro ser.

Por el contrario, cuando sentimos emociones desagradables, cuando estamos inquietos, tristes, enojados, nerviosos o desanimados, experimentamos malestar, un sufrimiento auténtico. Estas emociones nos indican que una parte de nuestro ser no está satisfecho, que lo que vivimos no se corresponde con nuestros deseos. Nos dicen: «¡Dedícate un poco de atención, cuídate!».

Las emociones: conocimiento
y conciencia de uno mismo

Las emociones son utilísimas y necesarias en la vida porque nos informan de lo que somos, de lo que podría evolucionar o cambiar en nosotros para acercarnos a nuestras aspiraciones. Las emciones nos permiten vivir con pleno conocimiento y plena conciencia de nosotros mismos, hacer las elecciones que nos corresponden y, de esta manera, mantener el hilo director de nuestra vida.

Cuando hacemos una pausa para preguntarnos dos o tres veces al día: «¿Cómo me siento aquí y ahora?», como sugiere Thomas d'Ansembourg, psicólogo belga formado en comunicación no violenta, o CNV (capítulo 7), constatamos que las emociones son sumamente diversas, ricas, llenas de matices, y que dedicar un tiempo, aunque sea muy corto, a analizarlas nos permite tener conciencia de lo que sentimos, responder mejor a las situaciones que se presentan y conocernos mejor.

Cuando las emociones desagradables
se vuelven invasoras

Si las emociones desagradables escapan a nuestro control, pueden volverse muy perturbadoras. Es el caso, por ejemplo, de las emociones relacionadas con el miedo, que tiñen los trastornos de la ansiedad y pueden limitar muchísimo a la persona en su vida cotidiana; la ira, que a veces conduce a actos que después se lamentarán, o también las emociones de tristeza y vergüenza que se observan en la depresión.

Si estas emociones se vuelven excesivas o invasoras —por ejemplo, cuando la menor preocupación se transforma en anticipación de una catástrofe, cuando somos incapaces de regular la sensación «de ser inútil» o «de no estar nunca a la altura», o cuando los celos y el resentimiento se adueñan de nuestros pensamientos—, la persona sufre y ya no puede llevar una vida normal.

El temperamento influye en la expresión de los afectos

No olvidemos que el desarrollo del ser humano es muy complejo y depende de numerosos factores, el principal de los cuales es la influencia del entorno y también de los genes.

Por ejemplo, el temperamento, de origen genético, nos lo transmiten nuestros antepasados. Influirá en nuestra manera de vivir y en la expresión de nuestros afectos. Las diferencias de temperamento pueden ser muy grandes de una persona a otra. Del temperamento dependen numerosos parámetros: la emotividad, la sensibilidad sensorial, el humor, el grado de actividad —mucha o poca energía—, la capacidad de atención, la adaptabilidad al cambio, la atracción o no por las personas o las situaciones nuevas. Vemos que la emotividad forma parte del temperamento; según su patrimonio genético, una persona será más o menos emotiva, e incluso hipersensible a lo que le ocurre.

Una buena inteligencia de nuestras emociones

Dar nombre a lo que sentimos nos beneficia

Las investigaciones revelan que dar nombre a lo que experimentamos tiene un efecto positivo en el cerebro y, como consecuencia, en nosotros mismos. Cuando estamos estresados, la amígdala cerebral, centro del miedo, provoca la secreción de cortisol y adrenalina, moléculas que, en cantidades elevadas, pueden ser muy tóxicas para el cerebro y, por lo tanto, para nuestra salud física y psicológica. Cuando conseguimos poner en palabras las emociones desagradables diciéndonos, por ejemplo, «Aquí y ahora, estoy muy nervioso», etc., actuamos sobre la amígdala cerebral, que se vuelve menos activa, se ralentiza la secreción de cortisol y adrenalina, el estrés disminuye y nos calmamos.[8]

Bruno, profesor, se siente estresado y angustiado. Entra en clase con el miedo en el estómago. No quiere hablar de ello con sus colegas ni con su pareja. «¿Qué pensarán de mí? ¡Me considerarán un inútil!» Con el paso del tiempo, el miedo aumenta; cada vez se siente más incapaz de realizar su trabajo como le gustaría. Si supiera que expresar sus emociones le beneficiaría, iría a ver a su mejor amigo y le hablaría de sus miedos. Se calmaría y esto lo ayudaría a encontrar los medios para enfrentarse a lo que vive.

Hablar de las emociones a un niño pequeño refuerza su sociabilidad natural

Desde el primer año de vida, los niños sienten empatía afectiva por los demás, manifiestan así la naturaleza profundamente sociable del ser humano. Hacia los seis u ocho meses, los niños saben compartir, ayudar y reconfortar a quienes los rodean.[9]

Cuando un adulto habla de las emociones a un niño desde su más tierna infancia, cuando lo ayuda a expresarlas, a comprenderlas y después lo incita a comprender las de los demás, refuerza su sociabilidad natural.

Celia Brownell, en 2013, y Jesse Drummond, en 2014, estudiaron la socialización en niños de un año y medio a dos años y medio de edad. Muestran que los padres que hablan de las emociones a sus hijos, los ayudan a poner en palabras sus emociones y las de los demás, a comprenderlas. Los niños se vuelven cada vez más sociables, atentos a las personas de su entorno, preocupados por su bienestar y cooperativos. Les gusta compartir y tienen ganas de ayudar a los demás desde que son muy pequeños.[10]

Aportar bienestar al otro requiere sentir y comprender lo que siente

Querer aportar bienestar a una persona sin compartir ni captar sus sensaciones, sus emociones y sentimientos puede ser fuente de muchos conflictos, malentendidos y errores.

Nathalie, profesora, quiere a toda costa que Quentin se quede sentado al menos una hora, sin levantarse. Es «por su bien», para que se concentre, pero Quentin, por su parte, siente la necesidad de levantarse de vez en cuando y continuar después con su tarea. Esta profesora quiere el bienestar de su alumno, pero no está atenta a lo que este siente. Quentin no está «agitado», siente física e intuitivamente que el movimiento le resulta indispensable y lo ayuda a reflexionar. La profesora cree que actúa bien imponiéndole su punto de vista. Esta actitud, que no tiene en cuenta el sentir del otro, puede dar lugar a muchos malentendidos y conflictos inútiles. Quentin ya no consigue concentrarse. La profesora, en lugar de decirle: «Está prohibido levantarse. Tienes que quedarte sentado. Así es como se trabaja», habría tenido que preguntarle: «¿Qué ocurre? Dime, ¿por qué te levantas?». Entonces Quentin le habría explicado lo que siente y que levantarse y moverse de vez en cuando lo ayuda a trabajar.

Quizá algunos dirán: «Pero, si cada uno hace lo que quiere en clase, ¡se convertirá en una leonera! ¡Qué individualismo!». Puedo comprender esta reflexión, pero la ciencia progresa y nos enseña que todos tenemos un cerebro diferente y unas maneras de aprender particulares. Cuando el profesor habla con los alumnos que presentan comportamientos molestos, cuando les pregunta qué sienten, cuando buscan juntos una solución, los alumnos imitan al adulto y aprenden la empatía.

El niño imita al adulto

Muchos profesores piensan que hablar individualmente con un alumno durante la clase es una pérdida de tiempo y que esto los desvía de su misión de enseñanza. «Pero ¡me retrasaré en mi curso!», me dicen a menudo. Sin embargo, el adulto es un modelo muy poderoso al que los niños y los adolescentes imitan. En clase, cuando los alumnos ven que un profesor se interesa por ellos individualmente, en profundidad, les pregunta qué sienten, en otras palabras, manifiesta empatía hacia ellos, se sienten cautivados. Toman al profesor como modelo, aprenden a expresar lo que son, comprenden mejor a los demás, aceptan las diferencias y, por ello, se respetan y cooperan. El ambiente en la clase se transforma: se favorece la cooperación en detrimento del individualismo, las rivalidades y la competición, y se estimulan las ganas de aprender.

Para responder a la pregunta planteada al principio de este capítulo, «¿Qué pintan las emociones en la escuela?», diremos que, dado que las emociones son inherentes a la vida, forman parte de la vida en la escuela y están muy presentes en ella. Si se quiere que no sean perturbadoras, se pueden «trabajar»: reconocer las propias emociones y las de los demás, intentar comprenderlas. Es lo que recibe el nombre de empatía.

3. La empatía en el centro de la relación

La empatía es la esencia de las relaciones, con nosotros mismos y con los demás, pues nos permite sentir y comprender nuestras propias emociones y las del prójimo.

¿Qué es la empatía?

Jean Decety, neurobiólogo e investigador de Chicago, definió la empatía como «una capacidad innata que permite detectar y responder a las señales emocionales del otro, capacidad necesaria para sobrevivir, reproducirnos y sentirnos bien».[1] Decety distingue tres facetas:

- **La empatía afectiva** es la capacidad de *sentir y compartir* los sentimientos de los demás, de que nos afecten sin confundir el sentimiento de uno mismo con el de los demás.
- **La empatía cognitiva** nos permite *comprender* los sentimientos y pensamientos de los demás.
- **La solicitud empática** nos incita a *cuidar del bienestar* de los demás.

Entre las numerosas definiciones de la empatía, valoro en especial la de Jean Decety, sobre todo por su tercera faceta: la solicitud empática. Porque ¿para qué sentir, por ejemplo, el desamparo de un niño y comprender sus causas si no se desea aportarle bienestar?

Otra observación, a propósito de la empatía afectiva. En la definición de Jean Decety, la segunda parte de la frase es importante: «sin confundir el sentimiento de uno mismo con el de los demás». Esto es posible e incluso deseable para los profesionales. Pero cuando un ser querido muy cercano sufre, es muy difícil, incluso imposible, no hacer nuestro el sufrimiento de la persona a la que amamos.

> *Myriam está encogida en un rincón del patio, sollozando. El profesor será capaz de ver las cosas en perspectiva. Sabe que el sufrimiento de Myriam le pertenece y, a pesar de que siente la tristeza de Myriam y la comprende, no la hace suya. En cambio, si la madre o el padre de Myriam la ven en este estado, les resultará muy difícil no sufrir con ella, se alterarán.*

Para ser empático es deseable haber integrado las tres facetas de la empatía y ser capaz de: percibir las señales emocionales (empatía afectiva), interpretarlas correctamente (empatía cognitiva) y responder a ellas de manera adecuada (solicitud empática).[2]

Empatía y benevolencia: dos términos que se unen

Desde hace poco, la institución escolar pide de manera oficial a los profesores que sean benevolentes. Pero ¿qué significa ser benevolente? Significa «velar por alguien de manera positiva».

La benevolencia se relaciona con la empatía en la medida en que para ser benevolente es necesario comprender a la persona que tenemos delante, es decir, sentir y comprender lo que experimenta y responder de manera adecuada a sus necesidades. Esta actitud concuerda entonces con la definición de la empatía afectiva, la empatía cognitiva y la solicitud empática.

Una aptitud innata

El ser humano nace con empatía afectiva, que continúa aumentando si el niño la recibe. Sin embargo, hemos visto que la mayoría de los educadores no son empáticos. Muchos adultos, creyendo que hacen lo correcto, no responden a las lágrimas, la ira o el miedo de sus pequeños. Esta actitud provoca mucho estrés en el niño: segrega cortisol y este bloquea la producción de oxitocina. La oxitocina es la hormona que nos permite ser empáticos.

Por consiguiente, un niño que recibe poca o ninguna empatía desde los primeros meses de vida producirá poca oxitocina y experimentará grandes dificultades en sus relaciones: será torpe aunque desee intelectualmente ser empático. No obstante, su capacidad para ser empático permanece en el fondo de su ser, lista para despertar si recibe empatía: entonces segregará oxitocina.

Estos mecanismos neurofisiológicos nos confirman la gran influencia que tiene nuestra actitud en los demás;

en el caso que nos ocupa, actúa sobre la secreción (o no) de moléculas que abren (o no) al niño a la empatía.

La empatía se desarrolla cuando se recibe empatía

La empatía es la piedra angular de toda relación, es el núcleo de la educación; permite regular las relaciones, disminuye la agresividad y favorece la cooperación.

Los profesores empáticos crean un vínculo de calidad con sus alumnos que desencadena un auténtico círculo virtuoso: los alumnos se sienten comprendidos, cómodos y confiados, están cada vez más motivados y su éxito escolar aumenta.[3] La empatía del profesor repercute en el clima de la clase y favorece el comportamiento positivo de los alumnos. Permite al profesor saber reaccionar ante la agresividad.[4] A la inversa, la falta de empatía del profesor aumenta el comportamiento agresivo de los alumnos.

¿Existe la empatía en nuestras escuelas? Sí, algunos docentes son empáticos porque tienen la suerte de haber recibido empatía en su infancia y la transmiten de manera «natural». Pero otros profesores, educados con humillaciones verbales o físicas, han recibido muy poca o ninguna empatía. A pesar de su buena voluntad, tropiezan muy a menudo con grandes dificultades en su relación con los alumnos.

La empatía en la vida cotidiana

Guillaume, profesor, viene a verme a la consulta: las relaciones con sus alumnos son muy conflictivas y repercuten en su familia. Me dice: «Le pondré un ejemplo. Esta mañana el despertar ha sido difícil. Estaba de mal humor, pero no he querido prestarle atención; me pasé la infancia oyendo: "Tienes que ser fuerte: los niños no lloran, no muestran sus emociones, no debes hablar de ti". Durante la mañana, un alumno ha sido odioso, se ha negado a salir a la pizarra como le pedía. Me he enfadado, he explotado, le he llamado holgazán, le he dicho que nunca llegaría a nada y que tendría una vida deplorable. He regresado a casa nervioso por este episodio y mi pareja y mis hijos han sufrido una vez más mi mal humor. Esta tarde estoy agotado. Ya no sé qué hacer. ¡Ayúdeme!».

Cuando escucho a Guillaume, constato que no experimenta ninguna empatía ni por sí mismo ni por su entorno. Vive sumido en la niebla, no intenta comprender lo que está ocurriendo en él, no escucha sus emociones. Su malestar se acentúa y repercute en él, en sus alumnos y en su familia.

Si sintiera empatía hacia sí mismo, me contaría lo que le ha ocurrido de otra manera:

«Esta mañana me he despertado con la sensación de que algo no iba bien. La jornada empezaba mal, estaba de mal humor. Me he tomado un poco de tiempo para identificar lo que sentía: ¿cansancio, inquietud, cólera? De hecho, me he dado cuenta de que mi mal humor me afectaba. Se debía a lo que había vivido la víspera y a la perspectiva de la jornada que se anunciaba. Ayer por la tarde discutí con mi pareja y esta mañana me sentía triste por tener que irme al trabajo sin haber calmado las cosas y ansioso ante la idea de una jornada especialmente sobrecargada en la escuela».

Si Guillaume sintiera empatía hacia su entorno, esto es lo que me habría relatado:

«Esta mañana estaba de un humor pésimo. Sé que el humor se contagia y que mi pareja y mis hijos están preocupados, inquietos e incluso enfadados de verme así. He hablado con ellos y les he preguntado qué sienten. Esto es lo que mi compañera me ha respondido:

»—Me preocupa verte así. ¿Es por nuestra discusión de anoche?

»—Sí, estoy trastornado e inquieto. Me gustaría que nos tomáramos tiempo para encontrarnos y conversar.

»—A mí también. ¿Salimos hoy a cenar los dos solos?

»Sentí un alivio… Eso me gustó muchísimo.

»Mi hijo, por su parte, dijo que está "harto de tener un padre siempre de los nervios, desagradable, de morros". Estaba muy enfadado conmigo, pero se ha calmado cuando le he explicado que la discusión de anoche con su madre, que por supuesto había oído, me tenía muy triste y que habíamos decidido salir a cenar solos para estar juntos. He añadido que estaba bajo tensión porque además en la escuela me esperaba una jornada muy difícil. Su cara se ha relajado, ha comprendido mi mal humor. Me ha abrazado con una gran sonrisa y me ha deseado un buen día. De repente, me he sentido mucho mejor y me he marchado al trabajo aliviado y lleno de energía.

»En la escuela, un alumno se ha negado a salir a la pizarra. He visto que mi petición lo superaba y le he dicho:

»—La idea de tener que salir a la pizarra te pone nervioso, ¿verdad?

»—Sí.

»—¿No has trabajado este tema?

»—¡No!

»—¿Es un tema que te resulta difícil?

»—Sí, no lo entiendo, necesitaría que me ayudara.

»Entonces me he sentido feliz en mi papel de profesor, satisfecho de poder ayudar y apoyar a mis alumnos».

A Guillaume, este momento de autoempatía y empatía hacia su pareja, su hijo y su alumno le ha permitido hacer una pausa y escuchar sus propias vivencias y las de su entorno, comprender qué significaban y, así, no reaccionar de forma impulsiva. Es una manera de calmarse para después encontrar las soluciones adecuadas a las situaciones problemáticas.

Por lo tanto, la empatía es una facultad que nos ayuda a conocernos, a ser más conscientes, a comprendernos, a reflexionar y a encontrar soluciones para sentirnos mejor y vivir en función de lo que realmente deseamos.

La empatía permite comprender a los demás y sus deseos, y vivir de manera más armoniosa con ellos. Sin empatía afectiva y cognitiva, la armonía, la comprensión y la reciprocidad son difíciles. El flujo discurre en un solo sentido, la persona solo se interesa por ella misma. En cambio, la empatía nos permite sentir y comprender las emociones del otro, orientarse de verdad hacia él, prestar atención a lo que es y lo que lo afecta.

La empatía empieza por uno mismo: la autoempatía

Tener empatía por nosotros mismos es necesario para comprendernos, conocernos y aceptar, sin juzgarlas, las emociones que nos atraviesan. «Sí, hoy me siento ansiosa, enfadada y triste. Acepto lo que experimento y no me culpabilizo. Pero intento comprender lo que me dicen estas emociones.» La autoempatía también es esencial en nuestra relación con el otro, porque sin este sentimiento es muy difícil aceptar que la persona que tenemos delante puede verse invadida por unas emociones no siempre agradables.

En la relación con el alumno, trabajar la autoempatía resulta de gran ayuda para los profesores. Se trata de hacerse preguntas como: «¿Qué experimento?», «¿Qué siento en tal o cual situación o con este o aquel alumno?» y aceptar las emociones sin juzgarlas, evitar decirse: «No tengo que hacer caso a lo que siento, pongo una tapadera encima. No está bien sentir esto, no tendría que ocurrirme». Si nos negamos a prestar atención a lo que nos pasa, nuestras emociones continúan hirviendo, nos trabajan por dentro, ocupan cada vez más espacio y pueden «bloquearnos». Cuando no comprendemos lo que nos pasa, tomamos decisiones equivocadas y, al final, la cólera, la tristeza o la ansiedad explotan, nos invaden y deterioran la relación con el alumno.

La falta de empatía es una de las principales causas de las dificultades en las relaciones

La mayoría de las veces las relaciones son frustrantes debido a una falta de empatía. Cuando una persona no se siente escuchada ni comprendida, surgen el resentimiento, la cólera y la decepción: «¡Es increíble, nadie se interesa por mí, nadie me pregunta qué siento!». Todos los seres humanos, sea cual sea su edad, ya sean niños, adolescentes, adultos o ancianos, desean en lo más hondo de su ser poder expresar sus emociones, sus sentimientos, sus deseos, y ser escuchados y comprendidos.

La empatía transmite ternura, paz con uno mismo y con los demás. Es indispensable para crear un clima de confianza recíproca, una relación de calidad con el otro y vínculos de afecto.

En 2014, Eva Telzer, de la Universidad de Illinois, recordó que las dificultades para identificar los sentimientos y las emociones pueden degenerar en problemas de relación, fenómenos depresivos, ansiosos y comportamientos delincuentes.

La empatía es rara. ¿Por qué?

¡La empatía parece simple, natural, evidente! Sin embargo, poca gente la muestra. ¿Cómo se explica esto? Es la consecuencia de un proceso educativo del que padres e hijos son víctimas sin saberlo. Muchos seres humanos no han recibido empatía y se han visto apartados de su propio sentir durante la infancia. Pero, como hemos visto, en cuanto se recibe empatía, la empatía despierta: es un círculo virtuoso.

Las consecuencias de la represión de las emociones

Con frecuencia se prohíbe a los niños expresar emociones consideradas negativas (tristeza, cólera, inquietud, desánimo, celos) o incluso emociones positivas demasiado marcadas, como una alegría excesiva. Las emociones ruidosas molestan a los adultos, que incitan a los pequeños a reprimirlas. Suelen considerarse una muestra de debilidad, contrariamente a la razón soberana.

Durante la infancia, e incluso en la adolescencia, el niño oye una y otra vez: «¡Deja de quejarte, deja de llorar!», «¡No es tan grave, tienes que ser fuerte, no seas gallina!», «¡Llévate tu rabia a otra parte!», «¡No tengas miedo!», «¡Qué movido estás!», «¡No te rías tan fuerte!», «¡No hagas tanto ruido!», «¡No te aceleres tanto!». Desde su más tierna edad, el niño asume que no está bien experimentar y expresar emociones; ser bien educado es no mostrar lo que se siente, ocultar las debilidades, los sufrimientos e incluso el entusiasmo, pues ¡podrían parecer sospechosos!

Las consecuencias de las humillaciones

Algunas personas han sufrido humillaciones verbales o físicas durante la infancia. En respuesta a la expresión espontánea de sus emociones de cólera, tristeza o miedo, han recibido burlas, violencia verbal e incluso física (bofetones, azotainas). Para no sufrir, estos niños se han desconectado de sus emociones y se han refugiado en la negación de su sufrimiento: «¡No me pasa nada!».

Recibo a Nathan, que es objeto de mucha violencia
por parte de sus padres. Le pregunto: «¿Cómo te sientes?».
Me responde en un tono muy seguro: «¿Yo? ¡Muy bien!».
Es demasiado difícil para él reconocer su sufrimiento y
acusar a sus padres. Esta negación lo protege.

El resultado está ahí: son muchos los adultos que viven sin preocuparse por lo que sienten, y esta actitud ante sí mismos los lleva a no escuchar las emociones de su entorno.

Las consecuencias de una vida apartada de las emociones

No solemos prestar atención a nuestras emociones porque desconocemos su importancia y su papel. Actuamos demasiado deprisa, inconscientemente, sin reflexionar sobre las consecuencias de nuestra actitud.

Por ejemplo, cuando recibo a unos padres que me dicen: «Esto no es propio de mi hijo. No puede durar. Hay que hacer algo», les pregunto: «Y ustedes, ¿cómo se sienten?», y por lo general no saben poner en palabras lo que experimentan.

—No me siento bien —me responden.

—Pero ¿qué emoción experimenta?

—No lo sé, no sabría decirle.

Entonces les propongo un abanico de emociones: «Afirma que hay algo que no funciona, pero, ¿puede decirme si está cansado, enojado, triste, ansioso o nervioso?». Con mayor o menor rapidez en función de lo que hayan vivido en su infancia, se toman el tiempo de conocerse y llegan a verbalizar lo que experimentan. Cuando por fin consiguen sentir, y comprender lo que de verdad desean, han dado un gran paso hacia el conocimiento de sí mismos.

¿Qué ocurre en nuestro cerebro cuando experimentamos empatía?

Nacemos con capacidades de empatía afectiva y más tarde cognitiva que crecerán y se desarrollarán si el entorno es empático y benevolente. Los conocimientos sobre la empatía han avanzado mucho y ahora comprendemos sus mecanismos biológicos.

La importancia de la mirada

¿Cómo percibir las emociones del otro, base de la empatía afectiva? Durante un encuentro, las fuentes de información son el lenguaje, la actitud, los gestos, la postura, etc. Podemos preguntar a la persona qué siente, pero es posible que ni siquiera lo sepa o no sepa cómo expresarlo.

En tal caso, podemos intentar descifrar, «leer», lo que dicen su cara y sus ojos. En la cara y, sobre todo, en los ojos es donde se transparentan, casi siempre de manera inconsciente, las emociones y los sentimientos. Los ojos desempeñan un papel esencial en la comunicación afectiva. Son una auténtica «ventana al alma», la sede de nuestras expresiones, reflejan el abanico de las emociones y las intenciones, pero también el grado de reflexión, atención e interés. Envían, por lo tanto, unas indicaciones valiosas. Saber leer e interpretar lo que dicen los ojos es esencial en las relaciones.

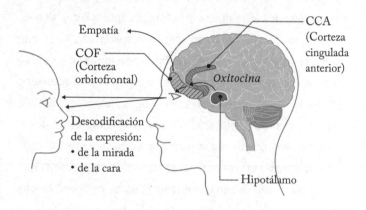

Figura 3. Oxitocina y empatía. *La oxitocina segregada por las neuronas del hipotálamo activa la COF y la CCA. Hace posible la empatía.*

Los ojos son la única emanación directa del cerebro. Es interesante constatar que están unidos a la corteza orbitofrontal (COF), situada justo encima de las órbitas, estructura cerebral que participa en la génesis, la percepción y la regulación de las emociones.

La oxitocina permite descifrar las expresiones de los ojos y la cara

Cuando experimentamos empatía, segregamos oxitocina, molécula conocida como «la hormona de la empatía» u «hormona del afecto».

La oxitocina activa varias regiones cerebrales implicadas en las relaciones sociales. Contribuye a la empatía actuando, entre otros, sobre la corteza orbitofrontal, región del cerebro situada encima de las órbitas oculares, que nos permite percibir las señales emocionales, interpretarlas bien y responder a ellas de forma rápida y apropiada. Hace que descifremos de manera precisa las expresiones de los ojos y la cara. Por lo tanto, favorece las relaciones satisfactorias a través de la percepción de las emociones y las intenciones de la persona con la que interactuamos. Si no comprendemos lo que experimenta el otro, nuestra relación será muy difícil.[5]

Los investigadores han constatado que una persona que ha recibido oxitocina en pulverización nasal (que permite una difusión rápida al cerebro)[6] mira a los ojos a su interlocutor con mayor concentración e intensidad, e interpreta mejor lo que experimenta.[7]

Los que quieran profundizar en este tema, pueden leer el artículo de Sylvia Morelli, de la Universidad de Illinois, en Chicago, que describe las estructuras cerebrales y las vías neurales de la empatía y de sus tres componentes principales, la empatía afectiva, la empatía cognitiva y la solicitud empática: la corteza cingulada anterior, la ínsula, el estriado, el sistema de neuronas espejo, el lóbulo prefrontal y temporal, entre otros.[8]

||||||||||||||||||||||||||||||||||||||||||||||||||||||||||||||||||||||||||||||||||||||||||||||

Cuando vivimos relaciones empáticas y benevolentes, segregamos oxitocina

Un simple intercambio de miradas, cuando es benevolente, hace que tanto el que mira como el que recibe la mirada segreguen oxitocina. Cuanta más oxitocina segregamos, más capaces somos de leer lo que experimenta el otro, más lo comprendemos y más relaciones satisfactorias mantenemos con él. Se trata de un auténtico círculo virtuoso.

Esta empatía la recibimos de los demás. Nuestro depósito de oxitocina se «llena» de manera proporcional a la empatía que recibimos y, en consecuencia, nuestra empatía aumenta. Las relaciones, por lo tanto, son capitales, pues moldean gran parte de nuestro ser.

La concentración de oxitocina aumenta cada vez que vivimos relaciones armoniosas en un ambiente cálido, de conversación agradable y placer compartido. Asimismo, también segregamos oxitocina en respuesta a estimulaciones sensoriales tales como las palabras dulces, un contacto tierno, las caricias, los besos, el orgasmo, al mamar, durante el parto e incluso en contacto con el agua caliente.

Por desgracia, lo contrario es cierto. Cuando sufrimos estrés o humillaciones, el cortisol bloquea la secreción de oxitocina y la empatía disminuye. Además, si el estrés o las humillaciones son intensas o repetidas, el cortisol segregado puede volvernos ansiosos, deprimidos, agresivos y, por lo tanto, repercutir negativamente en nuestras relaciones.

El círculo virtuoso de la empatía

Cuando no se tiene la suerte de haber sido educado con empatía, puede resultar difícil ser empático, pues es una facultad que se transmite. Cada vez que recibimos empatía, segregamos oxitocina, que nos permite ser empáticos. Es un círculo virtuoso: cuanta más empatía recibimos, más elevada es la concentración de oxitocina y más capaces somos de ser empáticos. Lo contrario también es cierto: cuanta menos empatía recibimos, menos oxitocina segregamos y menos capaces somos de ser empáticos.

Además, la oxitocina bloquea la secreción de cortisol, que genera las manifestaciones de estrés. Se instaura entonces un clima de confianza y de comprensión mutuas entre los participantes.

Así pues, el entorno desempeña un papel importante, pero los genes también intervienen en nuestra capacidad de ser empáticos. En 2017, Pingyuan Gong, de la Universidad de X'ian, realizó una investigación con 1.830 personas que recuperaba trece estudios sobre la empatía y el gen del receptor de la oxitocina (rs53576). Demostró que el polimorfismo del gen del receptor de la oxitocina conduce a diferencias de capacidad de empatía según las personas.

Una relación de calidad desencadena la secreción de oxitocina y de otras moléculas muy importantes

Cuando los adultos son empáticos y cariñosos se origina un círculo virtuoso. El niño segrega oxitocina, que desencadena la producción sucesiva de otras tres moléculas:

- **La oxitocina** es la molécula de la empatía, la amistad, el amor y la cooperación, proporciona bienestar y disminuye el estrés y la ansiedad, además de aumentar la confianza.
- **La dopamina** estimula la motivación, aporta placer de vivir y favorece la creatividad.
- **Las endorfinas** son opiáceos que provocan una sensación de bienestar.
- **La serotonina** estabiliza el humor.[9]

Cabe suponer que ocurrirá lo mismo si el profesor anima y apoya a su alumno. Las diferentes moléculas descritas antes ayudan al niño a convertirse en el alumno soñado por cualquier profesor: tranquilo, no estresado, empático, confiado, curioso, motivado y feliz de aprender. Este niño asimilará, recordará y utilizará mucho mejor las nuevas informaciones.

La oxitocina

La oxitocina es un péptido formado por 9 aminoácidos y sintetizado en el hipotálamo. Actúa como un neuromodulador sobre las funciones socioemocionales del cerebro: sobre la amígdala, el hipocampo y el circuito de recompensa, que incluye el núcleo caudado, el núcleo accumbens y la circunvolución frontal inferior. Por medio de su acción con el eje hipotálamo-hipofisario (HH), la oxitocina tiene una acción ansiolítica y atenúa la respuesta al estrés, disminuyendo la reactividad de la amígdala y la concentración de cortisol.

Esta hormona regula los circuitos dopaminérgicos implicados en los procesos de la recompensa y la empatía; refuerza los comportamientos sociales, los vínculos, las facultades de adaptación y cooperación con los demás, sobre todo cuando los demás se ven como familiares y como parte del grupo.

La oxitocina también puede aumentar las reacciones de vigilancia y defensa contra las agresiones; el objetivo es protegerse uno mismo o proteger a los miembros del grupo contra amenazas exteriores. Lo que se considera positivo e interesante se amplifica y lo que se considera nefasto y repulsivo se vuelve todavía más negativo. Cuando se administra oxitocina en pulverización intranasal a hombres adultos, los que tenían un apego seguro con su madre recuerdan más acontecimientos positivos y los que tenían un apego inseguro recuerdan más experiencias negativas. Así pues, la oxitocina estimula respuestas positivas ante rostros amigos y respuestas negativas ante rostros no amigos.

Es probable que mediante la combinación de la disminución del miedo y el aumento de las competencias sociales la oxitocina actúe sobre el deseo de crear vínculos (sobre todo cuando el objetivo deseado es positivo) e influya en el circuito corticolímbico para disminuir el miedo a una amenaza social y permitir así una respuesta al peligro o a la amenaza diferente de la fuga, el ataque o la sideración.[10]

||||||||||||||||||||||||||||||||||||||||||||||||||||||||||||||||||||||||||||||||||||||||||||||||

Frases como «Tenéis que ser benevolentes y empáticos» sumen a los profesores en el desconcierto

Ahora se comprende mejor por qué no basta con decir a los profesores: «¡Tenéis que ser benevolentes y empáticos con los alumnos!». Estas conminaciones solo sirven para sumirlos en el desconcierto, porque lo desean pero a menudo no saben cómo conseguirlo.

Como todos los seres humanos, los profesores necesitan imperativamente recibir empatía para ser a su vez empáticos. Este es el reto. En esta situación, ¿cómo mostrar empatía hacia los profesores para que su concentración de oxitocina sea lo bastante elevada y, de ese modo, sientan y comprendan las emociones de sus alumnos? ¿Cómo ayudarlos a experimentar una atención empática para que su oficio adquiera todo su sentido?

Desde que somos conscientes de la importancia de las emociones y la empatía en el desarrollo de los seres humanos, numerosos investigadores, educadores y profesores han reflexionado sobre la manera de introducir estos nuevos conocimientos en el seno de la educación.

Para muchos profesores, el mundo de las emociones y la empatía sigue siendo un terreno por descubrir, comprender y practicar, tanto por ellos mismos como en la relación con los alumnos.

4. Las competencias socioemocionales

Estos últimos años, han aparecido nuevos conceptos en la escuela, como la inteligencia emocional, las competencias socioemocionales, las competencias psicosociales, el apoyo emocional, la sensibilidad,[1] etc. Estos dominios reciben diferentes nombres, pero se aplican al ámbito del sentir y se basan ante todo en el conocimiento de las emociones y la empatía. Por mi parte, utilizaré la denominación de competencias socioemocionales.

> *Lucie, de tres años, está en preescolar, jugando tan tranquila, cuando de repente Léna se abalanza sobre ella y le quita su juguete. ¿Qué hará Lucie? ¿Gritar y golpear o quedarse paralizada y no decir nada? A esta edad, el cerebro emocional y arcaico domina al niño y las reacciones emocionales e impulsivas son muy habituales. ¿Lucie sabe lo que siente ella y lo que siente Léna? ¿Es capaz de expresarlo verbalmente y sabe enfrentarse a lo que experimenta y encontrar una solución?*

Ser competente emocional y socialmente es conocer las diferentes emociones que experimentamos, saber expresarlas y regularlas, saber comprender al otro, escucharlo, cooperar, resolver las dificultades que surgen en la relación con los demás y saber mantener relaciones satisfactorias. Cuando el profesor y el alumno adquieren estas competencias, se transforman y se sienten cómodos en clase.

¿Cuáles son estas competencias emocionales?

Conocer las emociones, las propias y las de los demás

Reconocer las expresiones emocionales es ser capaz de identificar una señal emocional, de expresarla con palabras y de sentir y comprender lo que la otra persona experimenta. Por ejemplo: «Veo en tu cara, en tus ojos, que estás a gusto, relajado, encantado, etc. ¿Es eso lo que sientes?».

Asimismo, reconocer las emociones que surgen en ciertas situaciones es algo más sutil, porque la percepción y la interpretación de lo que ocurre pueden ser menos claras y la vivencia puede ser diferente según cada persona:

> *«Esta mañana, la reunión con mis colegas ha sido muy tensa, había mal ambiente. Todos estábamos desconcertados y, la verdad, desanimados ante la situación que acabamos de vivir», le dice Samuel a su compañera.*

Expresar las emociones

Ya hemos visto en el capítulo 2 que dar nombre a lo que sentimos redunda en nuestro beneficio.

Al poner en palabras concretas las emociones y expresarlas, tomamos conciencia de la inmensa riqueza y complejidad de la vida afectiva: «En este momento, me siento trastornado, relajado, deslumbrado, contrariado, desbordado, intrigado, extrañado, estimulado, orgulloso, maravillado, intimidado, confuso, hastiado, culpable, avergonzado, sorprendido, interesado, deprimido, etc.».

Saber expresar las emociones esclarece el conocimiento y la conciencia de uno mismo. Reflexionar sobre el impacto de su expresión facilita las relaciones sociales.

El adulto puede ayudar al niño a tomar conciencia, desde su más tierna edad, de que compartir emociones puede ser el punto de partida de intercambios y vínculos y, a veces, el principio de una amistad profunda.

«Cuánto me alegra que me digas que lo que acabamos de trabajar, el cuerpo humano, te interesa y te motiva. ¿Quieres saber más cosas?», le dice Valérie a Dabo. Dabo, por su parte, está contenta porque por fin ha vencido su timidez; gracias a los talleres sobre las emociones que ha seguido, se ha atrevido a hablar con la profesora. Valérie se siente aliviada y feliz al saber que a Dabo le interesa ese tema. Hasta el momento no había conseguido entrar en contacto con su alumna, por lo que no podía acompañarla ni en lo que la motivaba ni en sus dificultades.

Comprender las causas de las emociones

Llegar a comprender las causas de las emociones conduce al niño al conocimiento de sí mismo y de lo que el otro puede experimentar. Los niños suelen comprender primero las expresiones faciales y las causas de la alegría, la cólera, la tristeza y el miedo; tardan más en entender las emociones más complejas, como el hecho de sentirse desanimado, molesto, escéptico, exasperado, amargado, a la defensiva, inspirado, encendido, exaltado, vivificado, afectado, etc.[2]

> *Dabo se dice ahora: «¡Ya está, ya hablo con ella!, pero ¿por qué antes no me atrevía?». Poco a poco toma conciencia de que no estaba acostumbrada a que la escucharan. Había llegado a creer que cuando hablaba de sí misma a nadie le interesaba. Y se había bloqueado. Ha sido la primera sorprendida al constatar la alegría y el entusiasmo de su profesora cuando ha hablado con ella. Adquiere confianza: «Alguien me escucha y tiene en cuenta lo que siento. Esto me da ganas de trabajar a fondo la clase de esta profesora».*

Regular las emociones

La regulación de las emociones en la escuela es uno de los elementos más importantes en el dominio de las competencias emocionales: participa estrechamente en el aprendizaje de las relaciones con los compañeros de clase y en la posibilidad de entrar en etapas cognitivas importantes. Los niños que regulan sus emociones son capaces de cooperar con los demás en el trabajo escolar, al contrario que los niños agresivos, que tienen miedo o están ansiosos y que, por ello, se muestran retraídos y participan poco en las tareas escolares.

Damien se siente mal. Una vez más se ha dejado llevar y ha explotado, ha tratado de inútil a un alumno. Se dice que no puede continuar así. Tiene que comprender de dónde procede su cólera. Una de sus colegas le ha dicho que existen cursos para aprender a comunicarse con empatía. Otro le ha hablado de relajación, sofrología y meditación con atención plena. Está decidido, tiene que saber más sobre estos cursos.

||||||||||||||||||||||||||||||||||||||||||||||||||||||||||||||||||||||||||||||||||||

Gracias a la empatía, el niño regula sus emociones

En la primera infancia, cuando el adulto grita, amenaza, castiga o humilla al niño, el estrés puede alterar circuitos neuronales esenciales. Estos circuitos, que van de la corteza prefrontal a la amígdala, son fundamentales para que el niño consiga regular sus emociones y su comportamiento y aprenda a no responder con agresividad y oposición permanente.

Una presencia empática y tranquilizadora participa en la maduración de estos circuitos y le permite gestionar las emociones. Si el niño está rodeado de adultos empáticos, benevolentes y que lo apoyan, controlará mejor sus emociones y no agredirá a los demás, verbal o físicamente, y eso a partir de entre los cinco y los siete años de edad.[3]

||||||||||||||||||||||||||||||||||||||||||||||||||||||||||||||||||||||||||||||||||||

¿Cómo mantener relaciones satisfactorias y resolver los conflictos?

Nos equivocamos a menudo sobre lo que experimenta el otro

Ser sensible a las emociones de los demás, comprender lo que sienten, constituye el primer paso indispensable para relacionarnos con el prójimo de manera satisfactoria. Es el papel de la empatía afectiva y cognitiva.

Si podemos decirle al que se encuentra ante nosotros «Me parece que te sientes confiado, ¿verdad?» —o apasionado, aliviado, bloqueado, fascinado, tranquilo, enternecido, cómodo, admirado, abatido, asustado, angustiado, desanimado, desencantado, desorientado, celoso, desconfiado, preocupado...—, no solo sentirá que intentamos conectar con lo que siente, sino también comprender que le permitimos confirmar que nuestra percepción es acertada. En efecto, con frecuencia nos equivocamos sobre lo que siente el otro, por eso conviene que nos confirme si nuestra interpretación es acertada o no lo es.

Una vez que hemos expresado y escuchado la emoción, el diálogo está abierto y puede empezar el intercambio sobre la comprensión de las causas de la emoción si la persona lo desea: «¿Sabes por qué sientes esto?».

La persona que ha desarrollado estas competencias socioemocionales sabe comprender al otro, escucharlo, resolver los conflictos y cooperar.

La revaluación

La revaluación es una actitud deliberada que adoptamos ante un conflicto de relación: reexaminamos la situación y descubrimos la posibilidad de dar otro significado a lo que hemos vivido, lo vemos en perspectiva y buscamos soluciones para salir del conflicto. Esta capacidad de revaluación tiene implicaciones muy fuertes en las relaciones sociales: nos permite replantearnos nuestra actitud, la manera de percibir al otro y, así, mejorar la situación, si es necesario.

En la sala de profesores se ha liado una buena. Sonia y Jade se lo han dicho todo, han estado a punto de llegar a las manos. Solo con pensarlo, a Sonia todavía se le acelera el corazón. Jade la ha llevado al límite cuando la ha tratado de miedica porque no se atrevía a hablar con el director. Sonia ha replicado que era falso y que no sabía lo que decía. Y el tono ha subido. ¿Dejarán las cosas así y no volverán a hablarse, o una de ellas revaluará la situación y encontrará la manera de superar el conflicto?

Al día siguiente, Sonia piensa en la disputa con Jade y en la furia que la invadió cuando la llamó miedica. Se dice que es ridículo haber llegado a ese extremo; es cierto que le gustaría hablar con el director, pero no se atreve. Le encantaría vencer esa timidez, que a veces hasta la paraliza. Se da cuenta de que valora mucho a Jade y de que no tiene ningunas ganas de romper esa amistad. Se dice que irá a decirle que está triste, que le preocupa la posi-

bilidad de no perderla como amiga y que necesitaría
su ayuda y su apoyo para atreverse a hablar con el
director. Ya se siente aliviada.

En 2010, Harold Koenigsberg, profesor de psiquiatría en la Icahn School of Medicine del hospital de Mount Sinai, en Nueva York, describió el circuito cerebral responsable de esta revaluación. Se trata de un circuito muy complejo que implica, en primer lugar, a la corteza prefrontal, así como a la corteza cingulada anterior, la amígdala y la ínsula.

Esta capacidad de revaloración que nos permite volver a examinar una situación especialmente emocional ya había sido descrita por Marco Aurelio en el siglo II: «Si te afliges por una causa externa, no es ella lo que te importuna, sino el juicio que haces de ella. Y borrar este juicio, de ti depende».

Este circuito cerebral desempeña un papel esencial: cuando es inmaduro o funciona mal por diferentes causas (trastornos del desarrollo cerebral, lesiones traumáticas cerebrales, enfermedades neurológicas y psiquiátricas, falta de maduración en relación con secuelas de maltrato infantil), nos resulta imposible ver las cosas con perspectiva y reconsiderar lo que vivimos. Sufrimos entonces de lleno las emociones negativas suscitadas por situaciones conflictivas. Esta capacidad de revaloración tiene implicaciones muy importantes en nuestras relaciones sociales.

John Bowlby (1907-1990), psiquiatra y psicoanalista inglés, comprendió la importancia de estas competencias socioemocionales y demostró que el desarrollo óptimo del niño se basa en la capacidad del adulto de descifrar sus señales emocionales y responder a ellas de manera adecuada con solicitud y rapidez: es lo que llamó «apego seguro».

5. El apego: comprender la calidad del vínculo con el niño

Los que se interesan por el desarrollo del niño conocen la teoría de Bowlby sobre el apego. Para John Bowlby, el desarrollo del niño es óptimo cuando se instaura un apego seguro con un adulto.

El papel del apego en el desarrollo del niño

La teoría del apego, pequeño recordatorio

El niño nace con la necesidad vital, fundamental, de apego; en otras palabras, la creación de un vínculo con la persona que se ocupa de él y que podrá reconfortarlo, protegerlo y darle una proximidad afectiva en caso de desamparo. Según John Bowlby, el niño necesita, para desarrollarse con armonía, tener vínculos afectuosos al menos con una persona que se ocupa de él y lo protege de manera coherente y duradera. Esta persona consti-tuye la base de seguridad afectiva hacia la que el niño se dirige en caso de desamparo. Busca su proximidad física y afectiva, que le aporta calma y consuelo, y después, poco a poco, le da la fuerza y el deseo de explorar el mundo que lo rodea. Esta necesidad de protección es una característica innata, y el papel del adulto es responder a ella.

Este vínculo se construye en los primeros meses de vida del niño con la persona que se ocupa de él. La necesidad de apego dura toda la vida. Si bien siempre existe una figura de apego principal, un puerto de referencia, otras personas pueden tomar el relevo cuando esta está ausente.

El apego es un proceso recíproco, requiere interacciones entre el niño y la figura de apego.

La situación extraña

En 1963, Mary Ainsworth, colaboradora de Bowlby, realizó un experimento al que llamó «la situación extraña». Se trata de activar comportamientos de apego en un niño de doce meses induciendo un ligero estrés por la partida y el regreso repetidos de su progenitor.

De esta manera, se han diferenciado cuatro tipologías de actitud:

- **Apego ansioso-evitativo** (A): no parece que al niño le afecte ni la partida de su padre o madre ni su regreso. Las peticiones del niño son recibidas con agresividad, rechazo o indiferencia. El niño aprende que si muestra desamparo solo obtiene consecuencias negativas. Llega a la conclusión de que no merece amor ni afecto.

- **Apego seguro** (B): el niño protesta ante la partida del familiar y siente alivio con su regreso, busca la proximidad. El progenitor responde de manera constante y apropiada a las señales del niño, sobre todo a las de desamparo. Está disponible, es coherente y cariñoso. El niño aprende que si expresa sus necesidades se ocuparán de él. Siente que merece afecto.

- **Apego ansioso-ambivalente** o **resistente** (C): el niño muestra ansiedad ante la separación y acercamiento y al mismo tiempo rechazo al regreso. Las reacciones del progenitor son imprevisibles. El mismo comportamiento del niño unas veces provoca entusiasmo y otras cólera. Dada la imposibilidad de descodificar el comportamiento del adulto, el niño no consigue determinar qué tiene que hacer para complacerlo. Llega a la conclusión de que no merece amor ni afecto.

- **Apego inseguro desorganizado** (D): el niño está desorientado, cuando regresa el familiar se bloquea en una postura que indica aprensión, confusión e incluso depresión. El progenitor está mal y puede maltratar al niño. El niño no sabe qué hacer, no se siente seguro ni cuando está lejos del progenitor ni cuando este se acerca a él. El resultado es que el niño no se considera digno de amor. Este apego desorganizado se produce con frecuencia en un entorno familiar muy desfavorable.

A la edad de doce meses se suelen observar:

- un 55 % de niños seguros (B)
- un 22 % de niños ansiosos-evitativos (A)
- un 8 % de niños ansiosos-resistentes (C)
- un 15 % de niños ansiosos-desorganizados (D)

El tipo de apego inicial desempeña un papel protector o agravante a lo largo de toda la vida, en especial cuando el sujeto se enfrenta a circunstancias difíciles.

La calidad del apego dependerá de la rapidez y de la manera en que el adulto responda a las señales emocionales del niño. Hemos visto que la empatía permite percibir e interpretar correctamente las señales emocionales y las peticiones implícitas del niño, y responder a ellas de manera apropiada y sincrónica. Esta actitud empática es lo que favorece un apego seguro. Vemos de nuevo aquí el papel esencial de la empatía en la educación.

Empatía, apego y emociones son indisociables

El apego seguro puede resumirse en la empatía experimentada por el adulto respecto al niño. Ahora bien, sabemos que comprender las emociones es indispensable para ser empático. Se constata, por tanto, que estas tres nociones —la emoción, el apego y la empatía— resultan indisociables y son esenciales para una relación de calidad.

En 2016, la investigadora y psicóloga rumana Catrinel

Ştefan estudió a 212 niños de tres a cinco años. Quería descubrir las relaciones entre el apego, la regulación de las emociones y la empatía, y llegó a la conclusión de que quien ha vivido un apego seguro sabe regular mejor las propias emociones y es más capaz de sentir empatía.

La calidad del apego durante la infancia influye en las relaciones posteriores

El apego a los padres considerado seguro es uno de los factores que contribuyen al buen desarrollo del niño. Este vínculo permite al pequeño adquirir la certeza de que no será abandonado al desamparo; no está ansioso, sabe que el adulto va a responderle y, en este caso, puede tener un poco más de paciencia. Un niño seguro se mostrará sociable, empático, sentirá autoestima y se volverá autónomo, no dependiente. Todas estas características suelen persistir en la edad adulta.[1]

El adulto que rechaza o no comprende las peticiones del niño, que manifiesta aversión por el contacto físico, que expresa pocas emociones u ofrece respuestas fuera de lugar puede provocar un apego poco seguro o inseguro. Un niño que vive un apego inseguro presentará más retraimiento social, más quejas somáticas, más comportamientos de oposición y agresividad.

Si los padres son negligentes o les resulta imposible ocuparse de su hijo, otros adultos pueden cuidar del niño de una manera afectuosa y permitir así que este se desarrolle con normalidad, siempre y cuando el traumatismo inicial no sea demasiado grave ni demasiado duradero.

Esta teoría del apego sugiere que las interacciones repetidas con las figuras de apego y sus respuestas a las búsquedas de proximidad inducirán la formación de diferentes esquemas de representación de uno mismo y de los demás: influirán en las relaciones para toda la vida y constituirán un estilo personal de apego que puede mantenerse estable en el adulto.

No hay determinismo

No estamos condenados a reproducir las malas relaciones que hemos sufrido en la infancia. Los acontecimientos negativos en los primeros años no predicen a la fuerza un apego inseguro en las relaciones adultas.

Estos diferentes tipos de apego de los que hemos hablado pueden evolucionar. Esta clasificación relativamente estable durante la primera infancia tiene tendencia a evolucionar en función del estrés social (enfermedad, divorcio, duelo, traumatismos diversos), yendo de la seguridad a la inseguridad o, al contrario, de la inseguridad hacia la seguridad gracias a la mejora de las relaciones padre-hijo o profesor-alumno.

Las investigaciones muestran que pasamos de un apego inseguro a un apego seguro en presencia de personas tranquilizadoras,[2] de ahí la importancia de las políticas sociales familiares y educativas diseñadas para que los adultos profundicen y mejoren de forma continua la calidad de su relación con los niños.

Hacer un relato justo de la propia infancia, sin idealizarla, poner en palabras los sentimientos, las sensaciones vividas y expresar las experiencias negativas sin agobiarse también permite alcanzar la resiliencia. Esta autonomía ganada a través de la curación de las heridas de la infancia parece interrumpir la transmisión de las formas de apego inseguro de una generación a otra.

Una relación insegura con el padre tiene más influencia negativa que una relación insegura con la madre

En 2017, Jean-François Bureau, de la Universidad de Ottawa, puso en evidencia que una relación insegura con el padre tiene una influencia negativa más fuerte que cuando eso ocurre con la madre. Observó los numerosos problemas de comportamiento que produce en el niño. Esto subraya el papel del padre, su impacto y su importancia crucial en la primera infancia.

El apego en la relación profesor-alumno

Fue una sorpresa para mí, que no pertenezco al mundo de la enseñanza, constatar que investigadores de numerosos países estudian la relación de apego entre el profesor y el alumno. En 1992, Robert Pianta, decano de la Curry School of Education de la Universidad de Virginia, amplió la noción de apego de los niños a los padres a otros adultos, entre ellos, los profesores. Pianta fue uno de los primeros en destacar el papel esencial de la calidad de las interacciones entre el profesor y sus alumnos.

La relación profesor-alumno ejerce una influencia importante en el niño y en su futuro como alumno. Cuando esta relación es de calidad, tiene numerosos efectos positivos e incluso puede permitir al niño que ha vivido acontecimientos difíciles o que procede de una población de riesgo volverse resiliente. Pero esta interacción es compleja y depende del tipo de apego personal del profesor y del niño.

El tipo de apego inicial del niño influye en las relaciones del niño con el profesor

Los niños con un apego inseguro suelen cerrarse a cualquier enseñanza. El niño que desarrolla un apego inseguro percibe el mundo como hostil, pues nadie responde correctamente a sus emociones o a sus necesidades cuando se siente desamparado. Vive la clase como un combate y no desea en absoluto descubrirla ni explorarla. Es incapaz de entablar relaciones seguras con sus profesores y sus compañeros de clase y no tiene ningunas ganas de aprender.

Sufre, se infravalora y desarrolla numerosos trastornos del comportamiento, como agresividad o manifestaciones ansiosas o depresivas que, por supuesto, no son propicias para el aprendizaje.

La concordancia entre la naturaleza de las relaciones de apego de los progenitores con sus hijos y las que entablan los niños con los profesores es frecuente. En 2012,

Karine Verschueren, de la Universidad de Lovaina, Bélgica, nos recuerda que los niños que han desarrollado un apego seguro con su madre tienen unas relaciones más cercanas y confiadas con sus primeros profesores y sus compañeros de clase, lo cual, a su vez, favorece el aprendizaje. Verschueren señala que estas buenas relaciones desde preescolar tienen efectos positivos a largo plazo sobre la escolaridad.

También en 2012, Erin O'Connor, de la Universidad de Nueva York, demostró que el apego seguro o inseguro que el niño tiene a la madre a los tres años de edad afecta a su comportamiento durante todo el primer grado. Cuando el niño crece, el apego seguro a la madre puede ser un factor menos importante para el comportamiento y el éxito escolar que las relaciones que el niño entabla con sus semejantes y con el profesor.

El tipo de apego del profesor

El tipo de apego de cada cual tiene sus raíces en su propia infancia. Depende de lo que hemos recibido de nuestros padres, de su madurez emocional, de su capacidad de empatía, etc. Los recuerdos de las modalidades de apego de nuestros padres están en parte almacenados en nuestra memoria inconsciente. Por lo tanto, en nuestras relaciones con los niños actuamos sin tener conciencia de ello.

Estos datos tan interesantes sugieren que la infancia y el tipo de apego que los profesores han vivido se reflejan en su manera de ser con los alumnos. Su historia personal genera vivencias y comportamientos que moldean sus relaciones en la clase.

El tipo de apego que presenta el profesor en su vida de adulto desempeña un papel en su capacidad o no de desarrollar relaciones cercanas con sus alumnos. El profesor que presenta un apego seguro mantiene unas relaciones más cercanas con sus alumnos que un profesor que tiene un apego inseguro.[3]

Una fuente de inspiración para mejorar las relaciones profesor-alumno

El profesor puede encarnar esta figura de apego indispensable para construirse

Esta necesidad vital de contar con una persona que comprenda nuestras emociones y necesidades y que, en caso de desamparo, sepa responder es fundamental para el niño y el adolescente, seres frágiles y en construcción.[4]

Cuando el niño o el adolescente son humillados verbal o físicamente en su propia familia, cuando no encuentran en ella el consuelo suficiente para extraer las fuerzas que les permitirían enfrentarse a sus retos cotidianos, cuando sus padres no les muestran el camino, no les transmiten los valores y el marco que les permitiría estructurarse, entonces el profesor puede encarnar esa figura de apego indispensable para su construcción.

El apego seguro aporta al niño las mejores condiciones de aprendizaje

El niño o el adolescente que encuentra dificultades y se siente ansioso, triste o enojado podrá —en lugar de infravalorarse diciéndose «Soy un inútil por angustiarme, agobiarme y enojarme»— recuperar la confianza en sí mismo si encuentra en el profesor a alguien capaz de escucharlo y de comprenderlo sin juicios ni humillaciones, condición indispensable para aprender.

Ese profesor mejorará el desarrollo afectivo e intelectual del niño. En 2013, Elena Commodari, de la Universidad de Catania, Italia, realizó un estudio con 152 alumnos de cuatro a cinco años con el objetivo de saber si existe una relación entre tres parámetros:

- El apego del niño a su profesor
- La capacidad del niño de implicarse en los aprendizajes
- Las dificultades de aprendizaje

Estar dispuesto a participar en la escuela no depende solo de competencias académicas como el nivel de vocabulario y de lenguaje, sino también de las competencias sociales y emocionales necesarias para seguir las indicaciones del profesor, trabajar en grupo, emprender actividades y controlar los impulsos.[5]

Los resultados del estudio de Commodari demuestran que los niños con un apego seguro a su profesor mejoran su socialización, tienen ganas de descubrir, de aprender, y salen adelante mejor.

Los niños «seguros» tienden a tener gran capacidad de atención, mejoran sus aptitudes psicomotrices, presentan un nivel elevado de competencias fonológicas y de lenguaje, y se desarrollan mejor en prelectura y lectura que los niños «inseguros».

Los niños «inseguros», por su parte, muestran menor socialización, una capacidad verbal y matemática baja, y dificultades en todos los ámbitos escolares.

Estos hechos señalan que el apego seguro al profesor aumenta la adquisición de competencias básicas para implicarse en el aprendizaje y confirman la importancia de desarrollar las competencias socioemocionales del profesor y del alumno para contribuir a la mejora de la socialización, pero también de las competencias lingüísticas y cognitivas.

El apego seguro al profesor puede contrarrestar los afectos de un apego inseguro con la madre. En 2011, Evelien Buyse, investigadora de la Universidad de Lovaina, estudió a 127 niños en clase de preescolar que presentaban un apego inseguro a su madre y problemas de agresividad, y demostró que el profesor puede contrarrestar las dificultades generadas por esta inseguridad. Cuando el profesor es cariñoso y empático, el niño establece relaciones íntimas con él y se vuelve menos agresivo.

Así pues, el apego seguro con el profesor favorece el desarrollo del niño. Pero, en concreto, ¿cómo se puede desarrollar esa empatía indispensable para crear un apego seguro?

6. La relación con el alumno se trabaja y se aprende

Los adultos son modelos muy poderosos para los niños, no pueden pedirles que sean empáticos o que regulen sus emociones si ellos mismos no son capaces de hacerlo. No tiene sentido intentar desarrollar las competencias emocionales y la empatía en los alumnos si los profesores (o los padres) no se han formado primero. Y eso es lo que recomiendan numerosos especialistas en estas cuestiones.

¿La empatía puede aprenderse?

En la actualidad existen numerosas formaciones sobre empatía, abiertas a todos y que combinan diversos métodos: los participantes experimentan la empatía por medio de múltiples talleres, juegos de rol, lecturas o películas, seguidos de reflexiones en torno a la empatía y de una puesta en práctica.

En 2016, Emily Teding van Berkhout, de la Universidad de New England, Australia, realizó un metaanálisis de ensayos aleatorizados controlados de 18 estudios con 1.018 participantes procedentes de todo tipo de campos para saber si los cursos de formación sobre empatía son eficaces. Teding llegó a la conclusión de que sí: la empatía puede aprenderse y, en efecto, esos cursos ayudan a las personas a volverse más empáticas. La investigadora señala que aquellos que comprenden varios enfoques, teóricos y prácticos, son los más eficaces.

Es posible volverse empático aunque se tenga un a priori negativo hacia alguien

¿Cómo reaccionamos ante el dolor de otro? Por lo general, cuanto más cercana es una persona, más intensa es nuestra empatía con ella. Con un padre o una madre la empatía es mayor que con un amigo. En presencia de un desconocido semejante a nosotros experimentamos menos empatía, y ante una persona muy alejada de lo que somos, nuestras capacidades empáticas disminuyen todavía más. De hecho, si un individuo no pertenece a «nuestro grupo» —social, familiar o cultural— y difiere de nosotros por su edad, su comportamiento, sus ideas, su religión o su procedencia, generalmente sentimos poca o ninguna empatía. Esta falta de empatía hacia las personas «extrañas» puede tener consecuencias sociales muy negativas y provocar conflictos.

En 2016, Grit Hein, entonces investigadora en Zurich, realizó un estudio con colegas ingleses y neerlandeses para saber si la empatía hacia personas «extrañas» puede desarrollarse y, en caso afirmativo, si modifica la actividad de la ínsula, una de las estructuras cerebrales implicadas en la empatía. Para ello, analizaron la ínsula de los participantes que eran testigos del sufrimiento físico de una persona extraña.

Este estudio se centró en 40 individuos originarios de Suiza y los Balcanes. Antes de la intervención, los participantes tenían una opinión mucho más positiva de los miembros de su grupo que de los del grupo extraño.

Durante el experimento, uno de los participantes recibió golpes dolorosos en el dorso de la mano. El señor X, originario de Suiza, asistió a la escena. Cuando un suizo veía a otro suizo sufrir, su ínsula se activaba intensamente; experimentaba empatía, lo cual no ocurría cuando veía a las personas extrañas sufrir la prueba, y viceversa.

Después, una persona acudía en ayuda de la que recibía estos golpes. Cuando la persona de los Balcanes ayudaba al cobaya suizo, su compatriota que asistía a la escena se quedaba muy sorprendido; le extrañaba que una persona ajena apoyara a un suizo. En este estudio, dos o tres experiencias de ayuda mutua como esta bastaron para suscitar en el suizo emociones positivas por la persona extraña, su ínsula se activaba y experimentaba entonces empatía por ese extraño que sufría.

Este estudio demuestra que al ver a personas hacia las que tenemos un a priori negativo comportarse positivamente dos o tres veces, la opinión que tenemos de ellas puede cambiar; nuestra ínsula se activa y entonces experimentamos empatía por ellas.

Desarrollar las competencias socioemocionales es posible

Desde hace más de veinte años se han puesto en marcha en todo el mundo numerosos programas para promover el aprendizaje de las competencias socioemocionales,[1] mejorarlas y desarrollarlas. Como hemos visto, desarrollar las competencias socioemocionales produce efectos positivos en el desarrollo social y cognitivo del niño y del adulto, en el bienestar psicológico y en los resultados escolares y el trabajo.[2]

Sueño con que los profesores se beneficien, en su formación inicial y después durante toda su trayectoria, de módulos de aprendizaje de la relación con los alumnos. De esta manera contarían con las capacidades y los conocimientos necesarios en su profesión para mejorar la calidad de sus relaciones con los alumnos.

Sin embargo, la prudencia se impone: dada la gran demanda, están surgiendo formaciones más o menos fiables en todo el mundo. Es aconsejable informarse antes sobre la trayectoria de los instructores y la duración de los cursos.

Entre los numerosos trabajos recientes, Jan Hughes, profesora de psicología de la Universidad de Texas, señala, en un artículo de 2012, que las intervenciones que llevan a los profesores a reflexionar sobre su comportamiento, sus intenciones y sus sentimientos respecto a los alumnos aumentan su capacidad de responder de manera sensible y empática, incrementan su sensación de seguridad en clase y disminuyen los conflictos. Hughes recomienda que los profesores hablen de sus dificultades de relación con algunos alumnos, que después pongan en común sus prácticas, reflexionen sobre ellas y reciban ayuda de formadores de apoyo en su relación.

Lorea Martínez, profesora en España y en Estados Unidos, ha llegado más lejos.

El ejemplo de un programa de formación de profesores en la inteligencia emocional

Lorea Martínez realiza un trabajo de consejo y apoyo a los profesores. En 2016 publicó un estudio en el que se preguntaba sobre las condiciones necesarias para el aprendizaje teórico y práctico de las competencias socioemocionales en los profesores para que puedan, a su vez, transmitirlas a los alumnos. Constató que el éxito depende en gran medida del compromiso de los profesores, de lo que piensan de este enfoque, pero también del apoyo de la institución, es decir, de todo el personal de la escuela, incluidos los administrativos.[3]

El estudio englobaba a profesores procedentes de dieciséis clases (400 niños), desde preescolar hasta quinto. Se desarrolló en California, en un barrio periférico con un contexto socioeconómico difícil: el 90 % de los niños procedían de familias por debajo del umbral de la pobreza. Para empezar, los profesores participaron en varias sesiones de reflexión sobre al siguiente tema: ¿qué competencias permiten a los alumnos progresar y entrar en la enseñanza secundaria en buenas condiciones? La respuesta era clara, los alumnos deben:

- Saber trabajar en grupo
- Tener confianza en sus capacidades
- Saber enfrentarse a las dificultades e intentar resol-
verlas
- Ser autónomos

Los profesores se dieron cuenta entonces de que se trataba de competencias socioemocionales y que mejoran realmente el trabajo escolar.

Los obstáculos para el desarrollo de estas competencias

Los docentes señalaron que existen varios obstáculos para el desarrollo de estas competencias: la falta de tiempo, los problemas derivados por el comportamiento de los alumnos y la ausencia de intercambio sobre estas dificultades. Además, los programas escolares y las evaluaciones eran para ellos motivo de estrés. Su prioridad era que sus alumnos llegaran a dominar los estándares académicos. La mayoría de los profesores se encontraban divididos entre el deseo de responder a las expectativas académicas y el deseo de desarrollar estas competencias emocionales.

El clima en la clase

Antes de lanzarse al aprendizaje de estas competencias, los profesores decidieron evaluar el clima real que reinaba en su clase y que, según ellos, se basa en cuatro pilares que transcribimos aquí por orden de importancia:

- La confianza recíproca
- El hecho de que cada uno se sienta responsable
- El respeto
- La empatía

Estos cuatro factores condicionan el aprendizaje, los comportamientos éticos y el hecho de sentirse seguros en la escuela. Los profesores consideraron que el respeto y la sensación de seguridad estaban poco presentes en su centro.

Los docentes expusieron después las dificultades específicas de su clase en particular, reflexionaron acerca de las mejoras que podían aportar y a continuación eligieron el enfoque que deseaban para desarrollar las competencias emocionales.

Los beneficios de este programa

Durante la aplicación del programa de Lorea Martínez, los profesores continuaron reflexionando con un formador, en grupo y de uno en uno. Muchos de ellos señalaron ya los efectos positivos sobre sus alumnos: desarrollaban una comprensión emocional de su vida, sabían resolver mejor los conflictos sin pedir ayuda exterior y eran mucho más autónomos. Los profesores constataron que ellos mismos se transformaban para bien: se conocían mejor, comprendían mejor lo que significa enseñar, entendían más a sus alumnos y se comunicaban mucho más con ellos.

Después de varios meses de experimentación, los profesores constataron el impacto sumamente positivo de este enfoque sobre los resultados escolares de sus alumnos, sobre su relación con la escuela y también sobre sus relaciones. Tomaron conciencia de que ese enfoque no era un añadido al programa escolar, sino que formaba parte de su práctica, lo cual modificó en profundidad su manera de enseñar.

Para concluir, Lorea Martínez señala que introducir este enfoque en un centro escolar requiere que los profesores, todo su aprendizaje, reciban apoyo y acompañamiento por parte de los formadores. Deben reflexionar sobre su práctica y recibir retroalimentaciones regulares, así como disponer de tiempo y de espacios donde colaborar, apoyarse e intercambiar opiniones sobre las prácticas.

7. La comunicación no violenta (CNV)

Entre todas las formaciones pensadas para desarrollar las competencias socioemocionales, recomendaría los cursos de comunicación no violenta o CNV. He querido tratarla en un capítulo aparte porque he recibido formación sobre esta disciplina y he podido valorar la gran competencia de sus instructores —solo se puede ser formador en CNV después de numerosos años de preparación— y experimentar la fuerza y la profundidad de sus enseñanzas, que permiten progresar en el conocimiento de nosotros mismos y en las relaciones con los demás. Como médico, deploro que no tengamos ninguna formación sobre la relación con los pacientes, como existe en numerosos países.

El fundador: Marshall Rosenberg

Marshall Rosenberg, psicólogo americano, nació en octubre de 1934 y murió en febrero de 2015. Fue director del Centro para la Comunicación No Violenta, organización internacional sin ánimo de lucro, enseñó en unos sesenta países y actuó en lugares en los que los conflictos resultaban inextricables y donde el diálogo entre los diferentes actores era inexistente, como prisiones, escuelas, etc. También animó formaciones diseñadas para mejorar las relaciones en las parejas, las familias y en los medios escolar y profesional. Actualmente, la CNV es una red mundial que difunde este arte de vivir, vector de cambio social y de paz.

Marshall Rosenberg fue alumno de Carl Rogers, padre de la psicología humanista (véase la p. 15).

‖‖

Carl Rogers y la relación profesor-alumno

Carl Rogers situó la calidad de la relación, la exclusión del juicio, la actitud cariñosa y de apoyo —en otras palabras, la empatía— en el centro de su trabajo de psicólogo.

En su libro *El proceso de convertirse en persona*, publicado en 1961, habla del profesor. Es sorprendente leer que, para él, sería deseable que el profesor fuera «congruente», es decir:

> Que piense lo que dice y que lo que dice exprese sus sentimientos más profundos... Que sea de verdad él mismo, plenamente consciente de las actitudes que adopta, que acepte sus sentimientos. Entonces se convierte en una persona auténtica en su relación con los estudiantes. Es una persona y no la encarnación abstracta de una exigencia escolar. Acepta al estudiante tal como es y comprende los sentimientos que este experimenta. El profesor que es capaz de acoger con cariño, de conceder una consideración positiva incondicional, de tener empatía hacia los sentimientos

de temor, expectativa y desánimo asociados con el inicio de
una nueva asignatura, habrá hecho mucho para establecer
las condiciones necesarias para un auténtico conocimiento.

||||||||||||||||||||||||||||||||||||||||||||||||||||||||||||||||||||||||||||||||||||||||||||||

Marshall Rosenberg se inspiró en el trabajo de Rogers y preparó un formidable dispositivo teórico y práctico en torno a las emociones y la empatía al servicio de una relación humana de calidad.

Los trabajos de Rosenberg se han traducido cerca de cuarenta años después de la creación de su enfoque. Así es como presenta la CNV en su libro *Comunicación no violenta. Un lenguaje de vida*:

> Desarrollé la CNV como una manera de entrenar mi atención —hacer brillar la luz de mi conciencia— centrándola allí donde existe la posibilidad de obtener lo que estoy buscando. Lo que quiero en mi vida es compasión. (…)

> La CNV está basada en habilidades del lenguaje y la comunicación que refuerzan la capacidad para conservar nuestra humanidad incluso en condiciones difíciles. No contiene nada nuevo; todo lo que ha sido integrado en la CNV se conoce desde hace siglos. La intención es recordarnos lo que ya sabemos acerca de cómo relacionarnos en consonancia con nuestra naturaleza humana y ayudarnos a vivir de manera que dicho conocimiento se manifieste en lo concreto.

> La CNV nos guía a la hora de reestructurar cómo nos expresamos y cómo escuchamos a los demás. En

lugar de las habituales reacciones automáticas, nuestras palabras se convierten en respuestas conscientes con una base firme en la conciencia de lo que percibimos, sentimos y queremos. Nos guía para expresarnos con honestidad y claridad, prestando al mismo tiempo una atención respetuosa y empática a los demás. En cualquier conversación, llegamos a escuchar nuestras necesidades profundas y las de los demás. La CNV nos prepara para observar con atención y ser capaces de identificar y expresar con claridad lo que queremos en cualquier situación en términos concretos. El esquema es simple y, aun así, poderosamente transformador.

Alegato a favor de la comunicación no violenta en la escuela

Sueño con introducir la CNV en la escuela. Sueño con que los profesores, los alumnos y todos los adultos que participan en la escuela se formen en CNV.

¿Por qué? Porque esta manera de comunicarse no es evidente: la mayoría de la gente no sabe hablar de lo que experimenta ni regular los conflictos. Aunque parezca sorprendente, comunicarse con empatía es una capacidad que, si no se ha apoyado y desarrollado durante el primer año de vida, puede adquirirse (a cualquier edad), y siempre podemos progresar en la calidad de nuestras relaciones con los demás. «Pero ¡yo soy empático, comprendo a la gente, no tengo necesidad de ninguna formación!», dicen esos que no se dan cuenta de que en las conversaciones siempre quieren tener razón y que sus juicios, sus reproches o sus críticas envenenan muchas de sus relaciones. Aprendemos todo salvo a comunicarnos sin volcar en los demás nuestra angustia, nuestra cólera, nuestra inquietud o nuestra impotencia.

El término «violencia» en la CNV puede chocar. «Yo no soy violento en mis relaciones», replicamos. Personalmente, prefiero la expresión «comunicación benevolente, empática o consciente». En general, las críticas, las pequeñas provocaciones o la ironía son automatismos del pensamiento y se expresan de manera inconsciente. Aunque no tengamos intención de herir, es posible que el otro lo viva como una humillación y ya no quiere comunicarsc. El trabajo de la CNV nos hace conscientes de nuestras palabras.

La CNV es una herramienta fantástica de transformación personal y de mejora en las relaciones con los demás. Aporta conocimiento y conciencia de uno mismo. Permite recuperar lo que da sentido a la vida.

Los adultos que invierten parte de su tiempo en hacerse preguntas constatan que se sienten felices y alegres cuando sus relaciones son armoniosas y que, a la inversa, sufren muchísimo cuando son violentas o caóticas. Los conflictos familiares, en el trabajo y en la escuela dejan a todo el mundo para el arrastre. Los juicios, las críticas y los reproches que dirigimos al otro envenenan las relaciones y bloquean cualquier comunicación. Las acusaciones del tipo «Si me encuentro así es por tu culpa» nos impiden comprender que los sentimientos «desagradables» que experimentamos —la percepción de cierto malestar— son el reflejo de nuestras necesidades profundas insatisfechas.

Nathalie, profesora, me dice: «Mis alumnos me agotan, son insoportables, y se lo digo. Llaman la atención sin parar, me interrogan, hacen comentarios sobre todo lo que digo. Me impiden hacer mi trabajo, que es enseñar. Es necesario que me escuchen sin hablar, sin interrumpirme».

Si practicara la CNV, Nathalie primero se propondría comprender lo que experimenta, incluida esa sensación de fatiga. Poco a poco sería más consciente de sí misma, de sus alumnos y de lo que desea. Vería con mayor claridad cómo debe orientar su vida de profesora y a partir de ahí podría encontrar una actitud que mejorara la situación. Hablaría con palabras que no hirieran a sus alumnos y aprendería a no juzgarlos ni criticarlos.

Cuando esta profesora habla de esta manera, ¿qué siente? Quizá diría que se siente superada al ver que no todos los alumnos son «buenos», que necesitan mucha atención, lo cual no esperaba en absoluto. Expresaría su cólera contra sí misma y contra sus alumnos, y su decepción por no conseguir establecer una relación tranquila con ellos. Después se daría cuenta de que se ha extraviado, no piensa en ella y no vive su profesión como le gustaría. Al tomar conciencia de sus vivencias, podría, despacio, encontrar una manera de enseñar que la satisficiera de verdad y que tuviera en cuenta sus necesidades tanto como las de sus alumnos. Se volvería empática y benevolente con ellos, los escucharía. Y entonces me diría que, para su gran sorpresa, ya no se siente agotada y que sus alumnos ya no son insoportables.

|||||||||||||||||||||||||||||||||||||||||||||||||||||||||||||||||||||||||||||||||||||||||||

Las investigaciones en neurociencias afectivas y sociales (NAS) confirman las intuiciones de Marshall Rosenberg

Las investigaciones de NAS confirman lo que intuyó Marshall Rosenberg: la CNV nos dice que el ser humano necesita una relación de calidad, hecha de empatía, estar conectado a sus emociones y a las del otro, saber expresar sus emociones y comprender cuáles son las necesidades satisfechas o no en relación con una u otra emoción. Estas conclusiones se corresponden con las de las neurociencias afectivas y sociales, que demuestran que una relación de calidad con el niño, es decir, empática y benevolente, es la condición fundamental para hacer posible que el cerebro afectivo e intelectual evolucione de manera óptima.

Poder expresar los sentimientos y las emociones, hablar de quién se es, de lo que se desea profundamente, ser escuchado y comprendido es a lo que aspiran todos los seres humanos. La CNV nos proporciona un medio de hacer realidad este sueño y de compartirlo con los niños.

|||||||||||||||||||||||||||||||||||||||||||||||||||||||||||||||||||||||||||||||||||||||||||

Disminuir la violencia, pacificar las relaciones y favorecer la cooperación

Como hemos visto, hablar de las emociones y comprender sus causas es indispensable para la vida en común, la comprensión del otro y la cooperación.[1]

En las escuelas en las que se pone en marcha la CNV, el ambiente cambia. Los profesores comprenden mejor sus propios sentimientos y los de los alumnos. Están tranquilos. No critican a los niños, dejan de juzgarlos y consiguen regular los conflictos. Ayudan a los alumnos a expresar sus emociones y sus deseos. Los escuchan con empatía. Saben decir «no» ante un comportamiento inadecuado a la vez que comprenden lo que anima a los niños y les transmiten confianza en su capacidad de evolucionar.

Esta empatía de que hacen gala los profesores transforma el clima en la escuela. Ya no inducen a los alumnos a competir, no los comparan y, de esta manera, crean un clima en el que a los niños les gusta aprender: tienen confianza, saben que no los castigarán por sus errores, sus vacilaciones o sus preguntas, sino que, al contrario, recibirán ayuda cuando tengan dificultades. Los niños que reciben una formación de CNV se abren, expresan sus emociones, sus deseos, se comprenden mejor y comprenden a los demás. Saben negarse a la violencia. Ya no necesitan demostrar que son «el más fuerte», dominar, desvalorizar al otro. Al contrario, se muestran atentos al que sufre humillaciones y lo protegen. Les gusta cooperar. Y, por supuesto, esta calma es favorable para el aprendizaje. Los niños felices y no estresados se sienten motivados, tienen curiosidad y ganas de aprender, de comprender, de emprender actividades y se vuelven creativos.

El arte del diálogo

La CNV es el aprendizaje de un enfoque y de una conciencia de nuestra manera de comunicarnos. Pretende integrar la comprensión y el respeto mutuos en los intercambios. Es el arte del diálogo. El objetivo es comunicarse de manera empática con el otro, es decir, comprender sus emociones, sus sentimientos y sus necesidades. Solo se puede ser empático con el otro si se es empático con uno mismo.

La intención de la CNV es, pues, crear una relación de calidad con uno mismo y con los demás que permita satisfacer las necesidades fundamentales de cada uno de manera armoniosa y pacífica. Nos enseña a «descodificar» lo que realmente quiere decir el otro detrás de las palabras o los comportamientos que nos molestan en un primer momento. Su fuerza es aportar claridad en lo que vivimos, queremos y decimos, y nos permite escuchar al otro con una mayor conciencia, con una calidad de presencia y de corazón. La primera etapa consiste en conectar con uno mismo, comprender lo que pasa en nuestro interior: los sentimientos, las emociones y las necesidades.

El proceso de la CNV: observación, sentimientos, necesidades y peticiones (OSNP)

El proceso de la CNV con el objetivo de instaurar una relación de calidad se basa en cuatro tiempos que Marshall Rosenberg identificó como sigue:

- Observo un comportamiento concreto que afecta a mi bienestar.
- Reacciono a este comportamiento con un sentimiento.
- Calibro los deseos, necesidades o valores que han despertado este sentimiento.
- Pido acciones concretas al otro que contribuirán a mi bienestar.

||||||||||||||||||||||||||||||||||||||||||||||||||||||||||||||||||||||||||||||||||||||||||||||||

Expresar las emociones en el marco de la CNV

Este intercambio es un despertar a la conciencia y al conocimiento de uno mismo y del otro. No se trata de mostrarse «amable» a toda costa, sino de saber expresar las emociones y los sentimientos que experimentamos (la cólera, la inquietud, la decepción, la tristeza, los celos, etc.) y de intentar comprenderlos. Pero, a diferencia del lenguaje corriente, este intercambio se desarrolla sin agresión ni acusación. La persona en cuestión se expresa sobre sus vivencias y después formula lo que desea. Se impone, pero sin agresividad.

Hacer el esfuerzo de expresar las propias emociones y sentimientos con la conciencia de que forman parte de nuestro universo interior y comprender que el otro no es la causa principal de lo que sentimos, que las verdaderas razones de nuestros sentimientos están en nosotros y no en el otro, ayuda a la comprensión mutua, abre a la empatía y modifica por completo nuestra relación con nosotros mismos y con los demás. Esto nos exime de acusar al otro y nos incita a conocernos mejor.

La empatía despierta nuestra conciencia y nuestro sentido de la responsabilidad. Asumimos la responsabilidad de nuestro sentir, de nuestras intenciones y nuestros actos.

La ausencia de juicio instaura un clima de apertura

Los juicios sobre los demás a menudo son expresiones indirectas de nuestras propias necesidades insatisfechas. Las etiquetas que colgamos al otro cortan la comunicación: el otro se siente criticado, lo cual genera reacciones de defensa y de cierre. En cambio, la ausencia de juicio instaura un clima de apertura. La relación con el otro discurre en armonía. En la relación empática, las dos personas se expresan y se escuchan mutuamente de forma atenta y benevolente, sin crítica ni juicio. El que escucha se enriquece con la vivencia del otro a la vez que intenta comprenderlo. El que habla tiene la sensación tranquilizadora de ser escuchado y comprendido. La relación es entonces más profunda, más serena y más enriquecedora.

> *«¡Siempre lo dejáis todo tirado, ya estoy harta de este desorden y de pasarme el tiempo guardando cosas! ¡Ordenadlo todo ahora mismo!» Esta profesora de la sección de mayores de preescolar expresa aquí una necesidad: le gustaría que hubiera más orden en la clase y quiere compartir la responsabilidad de guardar las cosas.*

En lugar de quejarse, de acusar a los niños y darles órdenes, lo cual no los incitará a ayudarla, habría podido decirles: «Estoy cansada de todo este desorden y me gustaría no sentirme sola al arreglar la clase, ¿estaríais de acuerdo en ayudarme?».

Es una petición de ayuda, no una exigencia. La mayoría de los alumnos comprenderían entonces a la profesora y es muy probable que la ayudaran con ganas.

En este ejemplo, la manera de hablar de la profesora, la habitual, parte de la victimización, la queja y la acusación al otro. Como consecuencia el otro se cierra o explota de cólera: «¡No paras de quejarte, ya estoy harto! ¡Me acusas sin parar!». La relación se envenena y la situación se bloquea. La segunda manera de actuar no tiene nada que ver. Primero implica autoempatía. La maestra habla de sí misma. Manifiesta sus propios sentimientos y después expresa un deseo relacionado con lo que experimenta. El otro, al no sentirse acusado, se muestra dispuesto a escuchar. O también puede ser que la persona no hable de lo que siente, pero comprenda lo que experimenta y desea el otro, sin acusarlo.

Este cambio en nuestra manera de comunicarnos mejora en gran medida la calidad de la relación y aporta claridad y calma en el intercambio. Modificamos entonces el significado de lo que percibimos y cambiamos radicalmente su impacto emocional en nosotros y en el otro.

Ser consciente de las propias emociones permite comprender las necesidades esenciales

Volvamos al ejemplo de Nathalie (p. 110), la profesora encolerizada que considera que sus alumnos son revoltosos, no atienden y la inducen a decir: «¡Son insoportables!». Puede mantener su hartura respecto a sus alumnos y decirse: «Estoy enfadada por su culpa… Ellos son los responsables de mi malestar. Yo no puedo hacer nada». O puede tomarse un tiempo para identificar los sentimientos que esta situación provoca en ella. Poco a poco se dará cuenta de que detrás de esta cólera se ocultan otras muchas emociones: «En realidad me siento cansada, algunos días incluso salgo de clase agotada, desanimada y, a veces, deprimida. Me doy cuenta de que estoy desbordada, me siento impotente y hasta incompetente. Ya no sé qué hacer. Me digo que no soy capaz de soportar mi clase y me entran ganas de dejarlo todo y cambiar de profesión». ¿Qué le gustaría en lo más profundo de su ser?

Poco a poco ve la situación de otra manera: «Necesito recuperar la confianza en mí misma, volver a encontrar el sentido de mi profesión, sentirme otra vez competente. Mi asignatura, el francés, me encanta. La conozco bien, me siento a gusto con ella y me gustaría poder transmitirla. Siento que eso es lo que de verdad me anima: transmitir a los alumnos todo lo que he comprendido que es esencial en la literatura, porque, para mí, lo que hay en algunos libros es fundamental para vivir. De hecho, lo que me falta es saber cómo dirigirme a mis alumnos. Ahora que le estoy contando esto ya no me siento enfadada con ellos. Me doy cuenta de que no sé cómo hacer para relacionarme con ellos. ¿Usted cree que existen herramientas, que esto se aprende?».

Cuando uno tiene claro lo que desea, puede solicitar actos concretos para responder a sus necesidades. Esta profesora será capaz de preguntar dónde y cómo formarse para aprender a tener una relación de calidad con sus alumnos.

Comprender de verdad al otro

Las ilusiones y las falsas certezas son constantes en nuestras relaciones. Imaginamos un encuentro y que conocemos al otro más o menos rápidamente. Pero en la vida real el encuentro suele quedarse en la superficie, no hay un deseo real de conocer o de comprender verdaderamente al otro. ¿Es algo voluntario o una cuestión de pudor? ¿Es falta de interés o miedo? La escucha con frecuencia es poco atenta, distraída. Lo interrumpimos, derivamos sus palabras hablando de nosotros mismos. Y entonces el otro se siente incomprendido.

El padre de Soizic, de once años, me cuenta:
Desde que empezó el curso, Soizic no quiere ir a clase de deporte. Sin embargo, hasta ahora le encantaba. Está claro que no sabe lo que quiere. Es muy inestable y caprichosa.
—¿Le ha preguntado qué le pasa? ¿Qué ocurre durante las clases?
—Solo dice que le dan dolor de barriga.
El padre encuentra entonces un momento de tran-

quilidad y escucha a su hija. Soizic le dice que el nuevo profesor de educación física le da miedo, grita, amenaza y se queja. Está muy enfadada; a ella le gusta la actividad física, pero este profesor la aterroriza. En cuanto lo ve, se encoge, le duele la barriga y ya no tiene fuerzas para participar en las clases.

Saber expresarse con claridad

Otra ilusión, fuente de numerosos y frecuentes malentendidos, consiste en creer que nuestro interlocutor adivina o sabe quiénes somos, conoce nuestros sentimientos, nuestros deseos, sin necesidad de que nosotros le hayamos contado nada.

Caroline, profesora de 4.º [equivalente a 2.º de la ESO] viene a verme :

—Ya no aguanto más, estoy cansada. Me siento sola con mis alumnos, no sé si siempre utilizo la pedagogía correcta.

—¿No habla con sus colegas sobre sus alumnos y sobre su manera de enseñar?

—Nunca les pregunto nada. Están tan agotados como yo. Por la tarde y los fines de semana no los molesto, pienso que quieren que los deje tranquilos. Deberían comprender que necesito su opinión aunque yo no se la pida. ¡Es increíble que nadie preste atención a los demás y que cada uno viva en su rincón!

Caroline piensa de manera ilusoria que no necesita expresar lo que quiere a sus colegas, y que ellos deberían adivinarlo. Está anclada en la espera y en el reproche: «Deberían comprender lo que siento y darse cuenta de que necesito hablar de esto con ellos». El resentimiento aumenta y envenena la relación sin que se haya dicho nada, hasta el día en que Caroline explota de cólera. Si les hubiera dicho lo que me ha confiado a mí en la consulta, sin agresividad, con toda probabilidad la habrían escuchado.

Esta ilusión de que te comprendan sin tener que expresarte con claridad es fuente de muchas equivocaciones. Si no nos permitimos parar y escuchar nuestra vida afectiva, nuestras necesidades profundas, la imagen que tenemos de nosotros mismos se mantiene borrosa y su expresión solo puede ser confusa.

Transmitir a los demás lo que somos, lo que deseamos y lo que es esencial para nosotros requiere analizar previamente lo que pasa dentro de nosotros, ser autoempáticos. Una vez superada esta etapa de autoconocimiento, podremos expresarnos con mayor claridad sobre nosotros mismos. De esta forma para el interlocutor será más fácil comprendernos, con nuestras dudas, nuestros cuestionamientos, nuestras certezas, nuestros sentimientos y nuestras necesidades fundamentales. La relación se vuelve mucho más clara, más rica y satisfactoria.

Se necesita tiempo para cambiar de manera de ser

Al leer el proceso de la CNV con sus cuatro componentes —observar primero la situación sin juzgarla, decir lo que sentimos en presencia de estos hechos, después precisar las necesidades que originan estos sentimientos y finalmente solicitar actos concretos que respondan a nuestras necesidades—, podemos decirnos: «Es fácil, ¡es el ABC! Bastan unas horas para aprender esto… Voy a leer un libro sobre la CNV y haré un curso. No necesito nada más».

En realidad, la CNV es un cambio radical de nuestra manera de ser que exige mucho tiempo. Librarse de los automatismos del lenguaje, del hábito de juzgar, de etiquetar a unos y otros no es sencillo. Requiere experimentar este proceso una y otra vez mediante múltiples intentos de ensayo y error. Solo progresivamente es posible integrar esta nueva manera de ser en relación con uno mismo y con los demás. Los niños aprenden mucho más deprisa que los adultos porque no cargan con numerosos años de relaciones «negativas».

Así pues, la CNV es una formación que nos transforma en profundidad y que, a mi modo de ver, debería durar dos o tres años, incluyendo prácticas experimentales en las actividades diarias, y que continúa durante toda la vida, porque siempre podemos progresar en las relaciones con los demás.

Durante los cursos de CNV, recibimos empatía y, por lo tanto, oxitocina

La empatía puede trabajarse y aprenderse en grupos de comunicación no violenta. En estos cursos, la persona reafirma su identidad siendo empática consigo misma y acercándose cada vez más a lo que desea vivir. Progresa en su relación con el otro porque lo comprende cada vez mejor. Aprende a escuchar estando realmente presente, sin hacer observaciones, sin interrumpir. Las relaciones se calman y se convierten en una fuente de enriquecimiento mutuo. Una vez llenos de empatía, salimos de estas clases felices, tranquilos, confiados y plenos de energía.

Durante la sesión de CNV, existe la regla de suspender los juicios sobre los demás, no poner etiquetas, hacer el esfuerzo de comprenderlos y de permitirles ser ellos mismos. Se recibe entonces mucha empatía, lo cual permite segregar oxitocina.

Actualmente, en el seno de la CNV en Francia existe una asociación específica dedicada a la educación, llamada Déclic, con sesiones de formación para los padres y los profesionales de la educación infantil.

Para formarte en CNV puedes consultar los diferentes sitios web dedicados a ello: declic-cnveducation.org; www.cnvformations.fr o también www.nvc-europe.org.

El testimonio de una profesora: «La CNV ha cambiado mi relación con la profesión»

La CNV entró en mi vida como una evidencia, mi evidencia. Como madre soltera que criaba sola a mis hijos, educada en la violencia del alcohol y los dictados de una educación de antes de Mayo del 68, siempre he tenido miedo de reproducir la violencia que había vivido de pequeña, testigo impotente de las escenas que me han traumatizado.

En aquella época, mi hijo mayor tenía catorce años y los conflictos entre nosotros eran recurrentes y me resultaban insoportables. No quería ser una madre así, una madre agotada que ya no sabe hacer otra cosa que gritar para hacerse oír, una madre que quiere a sus hijos y que los ve alejarse de ella inexorablemente.

En 2003, después de haber leído todo tipo de obras sobre la educación de los niños, encontré el libro Deja de ser amable, ¡sé auténtico!, *en el que Thomas d'Ansembourg presenta la CNV como la clave de nuestra paz interior y, por lo tanto, de nuestra paz con los demás. La revelación de este proceso me provocó un choque tal que decidí inscribirme en los módulos de iniciación, y desde aquel día no he dejado de profundizar más y más.*

Hoy he cambiado radicalmente. ¿Cómo sabe uno que ha cambiado?, me dirá. Muy sencillo, porque la relación que tengo ahora con mis hijos es tranquila y respetuosa por ambas partes. Una tarde, al regresar de mi último módulo de iniciación, mi hijo me preguntó qué hacía en esas famosas formaciones y, en lugar de explicarle la teoría, le propuse que «jugásemos» a hablar de uno de nuestros temas «favoritos»: los deberes… Al aplicar el proceso OSNP, que adoptó enseguida, pudimos comunicarnos con calma. Por fin comprendí por qué me decía constantemente «¡No!», lo cual me tranquilizó.

Cuando nuestra conversación terminó, me abrazó y me dijo: «¡Es chulo tu truco!».

Evidentemente, siempre existen intercambios en los que no estamos de acuerdo. ¡Y mejor así! La CNV no está ahí para taparnos la boca en una paz simulada en la que cada uno aprueba al otro y olvida sus propias convicciones.

El beneficio no se detuvo en mis hijos… ¡Sí, soy profesora!

Desde que practico la CNV, enseño de otra manera. A partir del momento en que soy consciente de lo que siento, la actitud de los alumnos se traduce para mí en necesidades insatisfechas o en necesidades satisfechas (¡y eso me encanta!); no tengo que imponer «la fuerza» de mi función para controlar la vida que se expresa delante de mí.

En concreto, ¿cómo se traduce esto? Veamos el ejemplo, real, de un alumno de quince años que me dijo en voz alta y descarada, delante de los otros veintinueve adolescentes, cuando acababa de ponerles un ejercicio: «¡Yo no pienso hacer esto! ¡Menuda tontería!». Antes de la CNV, me habría puesto de todos los colores ante esos treinta pares de ojos y luego habría gritado contra la falta de respeto y la provocación y habría sacado el arma mortal del castigo. Habría conseguido mi trabajo por la fuerza y no de buen grado, me habría hecho daño. Antes, cuando tenía lugar una escena de estas características, luego me pasaba la tarde, la noche y a veces varios días rumiando sobre el otro, que evidentemente se había convertido en una dificultad, y en especial sobre mí misma, que no sabía hacer mi trabajo correctamente.

Cuando me ocurrió esto solo llevaba unos diez días de formación. Mi primer reflejo fue respirar profundamente para saber cómo me sentía después de oír aquellas palabras. Dado que me sentía muy estimulada y demasiado novata en CNV para dirigirme a él, me quedé con lo que experimentaba en ese momento y lo que me salió fue lo siguiente: «Cuando te oigo hablarme así, me pongo triste, pensaba que teníamos otro tipo de relación». Me senté, disgustada.

El resto de la hora de clase se desarrolló en un silencio impresionante. Todos los alumnos hicieron el ejercicio, y digo bien: todos. La corrección transcurrió sin problemas, y al terminar la clase el alumno se acercó a pedirme perdón y, sobre todo, a explicarme el sentido de su frase, que, según él, no estaba en absoluto destinada a mí y que no pretendía herirme... Aquel día viví en carne propia la diferencia entre debilidad y vulnerabilidad.

Tengo toneladas de anécdotas como esta. Día tras día, mi relación con esta profesión y, por lo tanto, con los niños, se tranquiliza. Cuando hay riñas, cuando *hay quejas, cuando se niegan a colaborar, me digo que el ser humano que tengo delante de mí expresa una necesidad y que, aunque no siempre tengo tiempo para detenerme en ello, no se dirige contra mí ni contra los demás, ¡solo está vivo! ¡Y la vida de un niño es mágica y preciosa! Considerar las cosas de esta manera me relaja.*

La CNV me ha hecho comprender que soy la dueña de mi vida y que, gracias a esta autonomía, soy libre de relacionarme o no...

Otro testimonio: «Pasar del "poder sobre" al "poder con"»

Desarrollar el estado de ánimo de la CNV en mi práctica de profesora es, ante todo, un proceso de integración personal. Adquirir la costumbre de centrarme y escuchar mis propias necesidades me permite estar disponible para escuchar lo que les ocurre a mis alumnos. Esto requiere paciencia y una dosis regular de autoempatía, porque este cambio se produce paso a paso, y el proceso no es lineal. Afortunadamente, los efectos se observan con rapidez, lo cual resulta muy alentador. Por ejemplo, durante una urgencia emocional (gritos, llanto), he constatado fácilmente en varias ocasiones hasta qué punto asegurarse de lo que está viviendo el adolescente, dando un nombre a la emoción que experimenta y tomarse un minuto para acogerlo en ese momento de vulnerabilidad, es una poderosa arma para ayudarlo a que vuelva a conectarse con el dominio de sí mismo.

Ver mis misiones como profesora a través del filtro de las necesidades humanas cambia por completo mi enfoque, empezando por admitir que esto pone en duda el funcionamiento de nuestro sistema educativo. Me planteo el marco actual implícito (castigos, amenazas, competición), es decir, el funcionamiento concreto del grupo de clase, las modalidades pedagógicas y el papel de la evaluación.

Además de constatar la fuerza de la empatía en los casos de urgencia emocional, la principal aspiración que la CNV me ha permitido concretar ha sido pasar del «poder sobre» al «poder con». Y ello aceptando no tener respuesta para todo, acogiendo la creatividad cuando se expresa y reconociendo la fuerza de la inteligencia colectiva. Cada vez me considero más una facilitadora de aprendizajes, y a veces, con una alegría y un orgullo inmensos, observo al grupo de clase hormiguear de forma autónoma y cooperante, entusiasmados, en cuanto la mayoría de los alumnos consigue hacer la conexión entre la actividad propuesta y su impulso vital. Entonces me siento realmente al servicio de su desarrollo, disponible para ayudarlos individualmente, cuando lo necesiten, respetando el ritmo de cada uno.

Pasar del «poder sobre» al «poder con» es un contrato de grupo que, evidentemente, encuentra resistencias en algunos adolescentes, a los que tranquiliza la etiqueta de una profesora con plenos

poderes. Lo constato en especial cuando, después de
un acto que no respeta el marco de la clase, dialogo
con el alumno responsable y lo conduzco a responsa-
bilizarse. Pedir al alumno que proponga una solución
para reparar el acto a menudo le resulta desconcer-
tante. Por ejemplo, en una ocasión uno de ellos me
respondió: «No lo sé, profesora, usted es la que manda
y la que tiene que decidir». Rechacé esta etiqueta y
reafirmé que íbamos a buscar juntos una solución
y que estaba esperando una propuesta. Este cambio
de paradigma provoca primero desconcierto, pero el
alumno enseguida encuentra una o dos propuestas
y parece orgulloso de haber podido contribuir a la
resolución de una situación conflictiva.

¿Qué ocurre cuando los profesores están formados y
han desarrollado su empatía por sí mismos y por sus
alumnos?

8. Cuando los profesores desarrollan sus competencias socioemocionales

He decidido dedicar dos capítulos (capítulos 8 y 9) a los beneficios del aprendizaje de las competencias socioemocionales: el primero analiza las consecuencias de la formación de los profesores, mientras que el segundo capítulo se centra en los beneficios de estas competencias cuando son los propios alumnos quienes las han desarrollado. Esta distinción puede parecer un poco artificial porque las aportaciones son muy semejantes, pero aquí transmitiré estrictamente lo publicado por los investigadores.

En este capítulo veremos, pues, qué ocurre cuando el profesor vive una relación de calidad con sus alumnos.

Numerosos estudios analizan lo que es una relación profesor-alumno de calidad y la definen con términos variables: cercana, cálida, empática, de apoyo y alentadora. Otros estudios analizan el impacto del apoyo emocional y de la empatía. Estas dos nociones abarcan, en mi opinión, la misma capacidad de sentir, comprender las propias emociones y las de los demás, y dar muestras de solicitud empática.

Beneficios para el profesor

Un profesor empático se siente más competente

Marina Goroshit, investigadora y profesora en Israel, se interroga, en un artículo de 2014, sobre la competencia emocional de los profesores y plantea la siguiente pregunta: «¿La competencia emocional de los profesores conlleva profesores más competentes y más empáticos?».

Goroshit analiza dos variables: la competencia y la empatía. Su estudio incluye a 273 profesores de clases de diferentes niveles y que tienen una media de doce años de experiencia. Al final de su análisis observa que, efectivamente, la competencia emocional de los profesores los hace más empáticos y más competentes en su manera de enseñar.

En su artículo cita a Andrea Penrose, que ya en 2007 demostraba una relación estrecha entre la sensación de competencia del profesor y su inteligencia emocional. Penrose indica que ni el sexo, ni la edad ni la magnitud de la experiencia profesional moderan la relación entre estas dos variables.

Marina Goroshit recuerda que la competencia emocional es la conciencia y la sensibilidad ante las propias emociones y las de los demás, la capacidad de comprenderlas y utilizarlas para pensar y actuar. Las personas que poseen esta competencia son abiertas y aceptan las experiencias emocionales negativas, son capaces de adaptarse a estas situaciones y de gestionar sus emociones. Por lo general, están más satisfechas de vivir, tienen buenos resultados escolares y competencias sociales desarrolladas.[1]

Asimismo, señala que esta competencia emocional de los profesores provoca varios efectos:

- Se sienten bien en su papel de profesor.
- Mejoran su enseñanza.
- Ayudan a sus alumnos a desarrollar estas competencias emocionales.[2]

La empatía del profesor es una capacidad fundamental que crea un entorno favorable para el aprendizaje de los alumnos.

El profesor que está cerca de sus alumnos se siente bien

Anne Milatz, de la Universidad de Viena, Austria, se interroga sobre las condiciones del bienestar de los profesores. En 2015 inicia un estudio con 83 docentes de enseñanza elemental. Analiza su nivel de satisfacción en el trabajo, su sensación de realización personal y su grado de proximidad con los alumnos. Anne Milatz recuerda que, como hemos visto, el 30 % de los profesores padecen *burn-out* o malestar psicológico y que el oficio de profesor es una de las profesiones más estresantes, porque exige muchas competencias emocionales y de relación. El *burn-out* y el agotamiento suelen deberse a las relaciones difíciles con los alumnos que tienen comportamientos perturbadores y les faltan al respeto.[3] En su estudio, la investigadora muestra que los docentes que desarrollaron un apego seguro en su infancia tienen más competencias socioemocionales y entablan relaciones cercanas con sus alumnos, al contrario que los maestros que desarrollaron un apego inseguro. También constata que los docentes cercanos a sus alumnos experimentan una sensación de realización personal, alegría y bienestar, y se sienten competentes profesionalmente, al contrario que los profesores que no tienen buenas relaciones con sus alumnos y que presentan más signos de *burn-out*.

En conclusión, según Anne Milatz, saber desarrollar relaciones cercanas con los alumnos puede ser uno de los elementos esenciales que protejan a los profesores del *burn-out*.[4]

Beneficios para el alumnado

Un profesor que ha desarrollado sus propias competencias socioemocionales modifica su práctica. Los trabajos de los investigadores ponen en evidencia beneficios de una importancia destacable para los alumnos.

La motivación de los alumnos y su éxito escolar aumentan

En 2016, Erik Ruzek, de la Universidad de Virginia, recuerda que el apoyo emocional del alumno es esencial para una enseñanza de calidad y también para la motivación y el compromiso de los alumnos.[5]

¿De qué se trata? El profesor que aporta apoyo emocional a sus alumnos expresa con entusiasmo sus sentimientos, sabe que realmente le afectan. Se preocupa por saber si sus alumnos se sienten bien o no en la clase. Los respeta, es empático, desea comprender lo que experimentan, sus puntos de vista, y sabe responder de manera apropiada e individualmente cuando necesitan ayuda. Conoce a los niños como personas, no solo como alumnos.

El apoyo favorece el vínculo social y la cohesión del grupo. Los alumnos desarrollan entonces un sentimiento de pertenencia a su clase. Su motivación y su compromiso aumentan, lo cual favorece el aprendizaje.

La autonomía y la responsabilidad de los niños en clase se ven beneficiadas. Por ejemplo, el profesor les deja elegir según sus centros de interés, gestionar la biblioteca, etc. Los efectos son muy positivos: presentan mejores competencias sociales, estar en la escuela les satisface más que antes, tienen pocos problemas de comportamiento y manifiestan motivación, perseverancia, se esfuerzan más[6] y obtienen mejores resultados escolares.[7]

Los alumnos son más autónomos y responsables

En 2013, Timothy Curby, de la Universidad George-Mason, Virginia, y sus colaboradores realizaron un estudio en el que, durante un año, participaron 181 profesores de clases de CE2-CM1 [equivalente a 3.º y 4.º de primaria] (entre ocho y diez años) de veinticuatro escuelas.

Este estudio muestra el impacto decisivo en el éxito escolar de una relación profesor-alumno de calidad. Cuando el profesor es cercano y cariñoso con los niños individualmente, cuando presta atención a sus emociones y a sus necesidades de aprendizaje, consigue que sean más autónomos en clase.

Este apoyo afectivo tiene repercusiones positivas en varios ámbitos: los resultados escolares son mejores, los alumnos se sienten motivados, tienen una actitud mejor ante las matemáticas, su competencia social aumenta, les satisface estar en clase y los problemas de comportamiento disminuyen.

Los comportamientos perturbadores disminuyen

Los problemas de comportamiento de los alumnos son un gran factor de riesgo de inadaptación social, incluidos el abandono de los estudios, los comportamientos antisociales y también la delincuencia. Los niños que manifiestan problemas de comportamiento —hiperactividad, impulsividad, agresividad— suelen tener peores resultados escolares que los demás. Estos problemas de comportamiento empiezan durante los primeros años de escuela, tienden a persistir los años siguientes y pueden prolongarse hasta la edad adulta, con consecuencias importantes en su vida: más comportamientos agresivos y riesgo de desempleo.[8]

||||||||||||||||||||||||||||||||||||||||||||||||||||||||||||||||||||||||||||||||||||||||||||

Los trastornos del comportamiento

Los trastornos del comportamiento externalizados (o problemas externos de comportamiento) se llaman así porque se expresan hacia el prójimo.

Se manifiestan en los niños o en los adolescentes por agitación, impulsividad, falta de obediencia o de respeto de los límites, agresividad, ocultación e incluso delincuencia. Estos niños violan las reglas sociales o las normas de comportamiento, lo cual tiene efectos negativos para ellos mismos, para los demás o para la sociedad. Estos comportamientos alteran —a veces gravemente— el funcionamiento normal de una clase. Esta indisciplina a menudo se debe al hecho de que nunca se les ha transmitido ninguna regla social, pero también puede ser consecuencia de auténticos trastornos de comportamiento, como:

- Trastorno por déficit de atención e hiperactividad (TDAH), que afecta tres veces más a los niños que a las niñas y cuyos síntomas son la falta de atención, la hiperactividad y la impulsividad.
- Trastorno de la conducta (TC), que afecta dos veces más a los niños que a las niñas y se traduce en comportamientos de agresión, destrucción de bienes materiales, actos de fraude o robo y graves violaciones de las reglas establecidas.
- Trastorno de oposición con provocación (TOP), que se manifiesta por cólera frecuente, enfrentamiento a la autoridad y tendencia a que los otros te irriten.

Los trastornos del comportamiento internalizados (o problemas internos de comportamiento) se manifiestan por un humor y unas emociones negativas que conducen a alteraciones emocionales como la depresión, la ansiedad, el retraimiento y la culpabilidad.

Estos problemas internos de comportamiento aumentan cuando el profesor se muestra poco afectuoso, distante.[9]

||||||||||||||||||||||||||||||||||||||||||||||||||||||||||||||||||||||||||||||||||

Cuando una relación profesor-alumnos es de calidad puede disminuir los efectos negativos de los trastornos de comportamiento en estos alumnos y mejorar su salud. Si los niños violentos tienen relaciones positivas con sus profesores, su comportamiento perturbador disminuye y obtienen mejores resultados escolares, en especial en lectura. Esto no ocurre en los niños que tienen relaciones distantes o conflictivas con su profesor.[10]

Un estudio sobre los trastornos externos de comportamiento de los alumnos del este y del oeste

En 2016, Hao Lei, de la Universidad de Shanghai, y sus colegas chinos y estadounidenses realizaron un metaanálisis de 57 estudios con un total de 73.933 alumnos. Querían saber si la relación afectiva profesor-alumno tiene consecuencias sobre los trastornos del comportamiento externalizados de los alumnos.

Se deduce de este metaanálisis que una relación positiva, es decir, cercana, afectiva, de apoyo y confianza, por parte del profesor disminuye los problemas de comportamiento de los alumnos. Sin embargo, la cultura, la edad, el sexo y el tipo de trastornos del comportamiento modulan los efectos. Se observa una diferencia en cuanto a:

- **Alumnos del oeste y alumnos del este:** los alumnos «del oeste» proceden de Estados Unidos y Europa. Los alumnos «del este» son originarios de China, Corea, Filipinas y Singapur. Una relación positiva reduce con mayor intensidad los trastornos del comportamiento externo en los alumnos del oeste que en los del este, que esperan de su profesor una relación austera. En contraste, una relación negativa (hecha de conflicto, cólera e incluso antipatía) puede aumentar más los trastornos del comportamiento externo en los alumnos del este que en los del oeste.
- **Edad de los alumnos:** los alumnos de seis a nueve años de edad muestran mayor conexión entre relaciones positivas y disminución de los trastornos del comportamiento que los alumnos tanto menores como mayores. Los niños de seis a nueve años suelen ser más capaces de escuchar las sugerencias del profesor para modificar su comportamiento. Pero cuando las relaciones son negativas, estos niños son los que muestran más trastornos del comportamiento externo.[11]
- **Niñas y niños:** las relaciones positivas reducen más los trastornos del comportamiento externo en las niñas que en los niños. Esto quizá se deba a que las niñas cuidan más sus relaciones con los profesores, están más atentas a las emociones positivas que proceden

de ellos y les influyen más que a los niños. Este resultado sugiere que es conveniente estar más atento a las relaciones con los niños varones para reducir sus trastornos de comportamiento.

El profesor puede ser un factor de resiliencia

En los niños considerados de riesgo (niños procedentes de minorías étnicas, niños cuya madre tiene un nivel de estudios bajo, niños que han sufrido diversos traumatismos), una relación de calidad tiene efectos muy protectores, con beneficios en el lenguaje y el comportamiento.

Terri Sabol, en su estudio de 2012, concluye que la mayoría de las relaciones profesor-alumno de apoyo y de cercanía conllevan una mejora de los resultados escolares y del comportamiento socioemocional en los alumnos considerados de riesgo. Por el contrario, las relaciones conflictivas se acompañan de un incremento de los resultados negativos en los niños con trastornos del comportamiento. Una relación de apoyo —cercana y cariñosa— con al menos un adulto es quizá el elemento más importante para un joven que ha vivido numerosas experiencias negativas.[12] Esta relación puede permitirle ser resiliente, y, para muchos niños, el adulto que puede ayudarlos en este sentido es un profesor.[13]

Una relación conflictiva aumenta los problemas de comportamiento

Una relación conflictiva afecta en el desarrollo de trastornos del comportamiento internos y externos. Cuanto más conflictiva es la relación, más aumentan los problemas de comportamiento en el niño.

En 2017, Brian Andrew Collins, investigador de la Universidad de la ciudad de Nueva York, estudió a 262 jóvenes varones procedentes de barrios desfavorecidos y las consecuencias de las relaciones profesor-alumno cercanas o conflictivas. Analizó su comportamiento de CP a 6.º [equivalente a de 1.º a 6.º de primaria] y recapituló cuando llegaron a los once años de edad. Se demostró que unas relaciones profesor-alumno conflictivas generan problemas de comportamiento externos e internos que aumentan a medida que el niño crece.

Estudio con alumnos agresivos de entre diez y doce años: la biblioterapia

Zipora Shechtman dirige el departamento de Desarrollo Humano de la Facultad de Educación de Haifa. Sus investigaciones se centran en las causas y los tratamientos de las dificultades emocionales y sociales de los adultos y los niños. Se interesa especialmente en la agresividad y la violencia en el niño y recomienda un tratamiento original: la biblioterapia. Por lo general, esta terapia la realizan profesionales de la salud.

En 2016, Shechtman publicó un estudio en el que los

propios profesores se forman y ayudan a los alumnos que tienen problemas de agresividad. Este estudio incluye a 44 profesores y 165 alumnos de diez a quince años (la mayoría, entre diez y doce años).

En su artículo, Zipora Shechtman recuerda que:

> La agresividad, la intención de herir a los demás física o psicológicamente, es cada vez más frecuente en las escuelas; es verbal, física y utiliza internet. En su origen se hallan múltiples factores: sociales, familiares, culturales, psicológicos y neurológicos.
>
> Los niños utilizan la agresión pensando que el poder y la dominación del otro es una ventaja. Las consecuencias de sus actos suelen ser muy negativas y estos niños sufren ansiedad, cólera, sensación de impotencia y soledad, y una dificultad muy grande de expresar sus sentimientos, y por eso mismo presentan una gran resistencia a cambiar de comportamiento. Padecen con frecuencia un déficit de expresión verbal y les cuesta mucho hablar de sus necesidades. Muchos consideran la negación de sus emociones como una estrategia de supervivencia que los ayuda a superar las circunstancias difíciles de su vida, su estrés y sus fracasos.
>
> Estos niños presentan una falta de empatía ante el sufrimiento de los demás.[14] Dado que están desconectados de sus propios sentimientos, no pueden conectar con los del prójimo. A menudo son indiferentes e insensibles al sufrimiento de sus víctimas. Cuando a veces experimentan vergüenza, culpabilidad o miedo, lo enmascaran dando una falsa imagen de fuerza y arrogancia.

Aprueban el poder. Han sufrido muchas humillaciones y desgracias por parte de personas importantes
para ellos, les resulta imposible confiar en extraños y
piensan que durante un conflicto la única opción es el
ataque. Es una reacción espontánea e impulsiva, pues
reproduce lo que han vivido: condiciones de socialización a menudo mediocres y apegos inseguros. No
consiguen controlarse. No han aprendido a regular
su comportamiento, a cooperar y a afirmarse de otra
manera que por la fuerza.

Este trabajo se realiza en grupos pequeños de tres o
cuatro alumnos, en doce sesiones de cuarenta y cinco
minutos y se desarrolla en dos fases:

- La primera fase corresponde a la formación de los
  profesores, que aprenden las principales características
  de los niños agresivos: son extremadamente irascibles,
  les cuesta muchísimo controlarse, muestran una
  necesidad muy grande de poder y tienen muy
  poca empatía. Durante doce sesiones de cuatro
  horas, el profesor aprende a utilizar obras literarias,
  cinematográficas y dramáticas con un objetivo
  terapéutico.
- Durante la segunda fase, los profesores están con
  los niños. Los ayudan a tomar conciencia de su
  agresividad, a comprender lo que la desencadena y a
  desarrollar el deseo de cambiar y de controlarse.

La biblioterapia

Las terapias son especialmente difíciles cuando afectan a niños agresivos. Por eso puede resultar muy práctico utilizar un método indirecto, abordarlas por medio de historias contadas en los libros o las películas. Los niños adoran las historias, se identifican con los personajes, que vehiculan toda una gama de emociones muy variadas, en las que pueden reconocerse y, de esta manera, conectar con sus propios sentimientos.

Esto les permite comprender lo que es un comportamiento agresivo y sus consecuencias, y al mismo tiempo se establece una distancia muy segura para ellos. Son los personajes los que son agresivos, no ellos. A continuación, poco a poco, se los ayuda a describir lo que experimentan ante estos protagonistas. Se conectan entonces con sus propios sentimientos e intentan expresarlos.

Las historias utilizadas comportan cuatro componentes:

- Cólera y su expresión
- Adhesión del personaje al poder
- Empatía por el sufrimiento de los demás
- Autorregulación

Cada sesión empieza con un poema, una historia o una película. El relato se discute. Después de haber explorado el comportamiento del personaje, sus razones y sus consecuencias, se pide al niño que comparta su propia experiencia, comprenda su propio comportamiento y se comprometa a cambiar.

Los profesores también se benefician de este proceso:

se identifican con los personajes, comprenden los conflictos, toman conciencia de sus dificultades ante los niños agresivos y desarrollan empatía por ellos.

La empatía del profesor disminuye la agresividad de los alumnos

Al final de este estudio, Zipora Shechtman deduce que, para enfrentarse a los comportamientos desviados de sus alumnos, los profesores necesitan desarrollar primero empatía por ellos mismos y después empatía por sus alumnos.

Se demuestra que la empatía del profesor disminuye la agresividad de los alumnos. Cuanto más comprende el profesor al niño agresivo, más dispuesto está a escucharlo de manera íntima y más inclinado se siente a apoyarlo. A su vez, cuanto más sienten los niños la atención y la empatía del profesor, más dispuestos están a cooperar y a renunciar a su comportamiento negativo.

Zipora Shechtman concluye su artículo aportando el testimonio de un profesor: «Soy profesor de matemáticas. Nunca había imaginado que podría establecer relaciones profundas con mis alumnos. Ahora que los he comprendido, ya no siento cólera contra ellos. He aprendido a amarlos».

Beneficios para el conjunto de la sociedad

Invertir en el desarrollo de las competencias socioemocionales es muy «rentable» económicamente, y así lo demuestran los estudios de dos economistas.

James Heckman, premio Nobel de Economía, analizó las consecuencias económicas de las formaciones que pretenden mejorar las competencias socioemocionales de los profesionales de la infancia. En un informe de 2007 señala que invertir un dólar en la formación de estos profesionales permite economizar cien dólares en la edad adulta, previniendo el riesgo de desempleo, de delincuencia y otros tipos de desviaciones. Observa también que cuanto antes se invierte mejores son los resultados. Lo que significa que habría que invertir al máximo en la primera infancia.

En 2015, el economista Richard Belfield y sus colaboradores calcularon los beneficios del programa SEL (Social and Emotional Learning) en la escuela (véase p. 152) referentes a la mejora de los comportamientos prosociales y de éxito escolar, y concluyeron que son de suma importancia desde el punto de vista financiero. Recordemos que los comportamientos prosociales se definen generalmente como actos voluntarios para promover el bienestar de los demás: ayudar, compartir, reconfortar y cooperar. La competencia emocional y la competencia social están íntimamente relacionadas y permiten cooperar.

La etapa clave de preescolar

La educación preescolar es una etapa crucial para el futuro del niño y puede compensar muchas desigualdades socioculturales. A esta edad, el cerebro es extremadamente plástico y maleable, y el niño, cuando se desarrolla bien, tiene sed de aprender, explorar y comprender el mundo que lo rodea. Adquiere las competencias básicas que lo preparan para hablar, leer, escribir y contar. Aprende a vivir con los demás y a controlar sus emociones.

En preescolar, muchas dificultades se deben a las relaciones sociales. Ahora bien, los niños de esta edad pueden desarrollar sus competencias socioemocionales, aprender a hablar de las emociones, comprenderlas y desarrollar comportamientos prosociales.

El nivel de lenguaje a los tres años es decisivo

En preescolar, el nivel de lenguaje de los niños y su competencia en alfabetización determinan su éxito escolar posterior y sus competencias sociales.[15]

En 2017, Laura Lee McIntyre, de la Universidad de Oregon, confirmó el carácter predictivo del nivel de lenguaje de los niños de tres años sobre su futuro escolar. Esta investigación, realizada con 731 niños, analizó en primer lugar sus competencias lingüísticas a los tres años y después sus competencias académicas a los cinco años. Los investigadores observaron si estos niños habían necesitado apoyo escolar, de una atención específica, si repitieron a los siete años y medio, luego a los ocho años y medio, y a los nueve años y medio.

Los resultados muestran que los niños de tres años con el nivel de lenguaje más bajo tenían mucho más riesgo de presentar después un retraso en el aprendizaje escolar o de repetir curso, y eso con independencia del sexo, el origen étnico, el medio familiar, el nivel de ingresos de los padres o el modelo educativo. Los investigadores concluyeron que una prevención precoz de las dificultades del lenguaje podría reducir la necesidad posterior de recurrir a servicios de educación especializada.

El apoyo emocional mejora el control inhibitorio, el lenguaje y la alfabetización

Para que un alumno se sienta cómodo en la escuela, debe desarrollar sus funciones ejecutivas, elementos clave para aprender y tener éxito en clase. Las funciones ejecutivas, de las que volveremos a hablar con detalle más adelante (p. 209), comprenden el control inhibitorio, la memoria de trabajo, la atención, etc. Los estudios demuestran que el control inhibitorio en preescolar es un factor de éxito escolar posterior y permite tener una relación de calidad con los profesores y los compañeros de clase.[16] Los niños de preescolar que saben controlarse realizan muchos progresos en control del lenguaje y en alfabetización.[17]

A su vez, este control inhibitorio se ve afectado por las interacciones en clase. Las funciones ejecutivas se desarrollan mejor en los alumnos de las clases en las que el profesor aporta un apoyo emocional ante los problemas de comportamiento, está atento a las interacciones, estimula la autonomía y organiza el tiempo adaptándose a los niños.

Desarrollar las capacidades de atención y de concentración: el control inhibitorio

El control inhibitorio forma parte de las competencias ejecutivas y representa la capacidad de controlarse, de concentrarse y de inhibir las distracciones. Cuando el niño sabe controlarse, esperar su turno e inhibir un comportamiento inadecuado, puede responder a las condiciones de la escuela y aprender. Por lo general, a los niños que presentan estas capacidades de autorregulación, les gusta la escuela, están motivados y obtienen buenos resultados escolares.

En 2016, Bridget Hatfield, de la Universidad del Estado de Oregón, publicó un estudio con 222 profesores y 875 alumnos, estos últimos con una edad media de cuatro años y con un 42 % de afroamericanos, un 35 % de latinoamericanos y un 14 % de euroamericanos. Analizó la calidad de las interacciones profesor-alumno, el lenguaje, la alfabetización, la conciencia fonológica y el control inhibitorio de los niños.

En su estudio, los niños que recibieron un apoyo emocional importante aumentaron en gran medida su control inhibitorio y sus competencias fonológicas. Estos profesores se dirigían con entusiasmo a sus alumnos, se expresaban positivamente, respondían de manera apropiada a las demandas de los niños y estimulaban su autonomía.

Demostró también que, cuanto más favorecían los profesores la autonomía, más se abrían a los intercambios y más empáticos eran, los niños sabían autocontrolarse más, así como que los intercambios frecuentes, afectuosos y estimulantes desarrollaban el lenguaje y las competencias en alfabetización.[18]

En resumen, el apoyo emocional, dado que refuerza el control inhibitorio, es un elemento crucial en el rendimiento de los alumnos.

Si algo debe retenerse de este capítulo, como recordaba la profesora Jan Hughes en 2012, es que todas las investigaciones sobre las relaciones profesor-alumno de los dos últimos decenios llegan a la conclusión de que cuando el profesor mantiene una relación cercana, alentadora y de apoyo con su alumno, favorece en él un buen comportamiento y un mejor rendimiento escolar. Estos conocimientos deben incitar a formar y ayudar a los profesores en el desarrollo de una relación de calidad con sus alumnos.

9. ¿Cómo transmitir las competencias socioemocionales a los alumnos?

Una vez formados los profesores, es fundamental transmitir estas competencias a los alumnos.

Enseñar las competencias socioemocionales en la escuela

Un objetivo educativo

Ron Astor, profesor de la School of Social Work y de la Rossier School of Education de la Universidad de California del Sur (Los Ángeles), respondió en marzo de 2013 a una entrevista realizada por Nathalie Anton y explicó que:

> El aprendizaje social y emocional (SEL) en las escuelas enseña las competencias que todos necesitamos para comportarnos de manera ética y respetuosa con los demás y con nosotros mismos. Ayuda a los alumnos a reconocer y gestionar sus emociones, a tomar decisiones responsables, establecer relaciones positivas y

respetuosas, resolver conflictos y actuar con honestidad, equidad y cooperación.

Astor recordó que «promover la educación en la ciudadanía no se contradice en absoluto con otros objetivos educativos. Algunos estudios demuestran que la enseñanza socioemocional puede mejorar los resultados escolares, disminuir el estrés psicológico, los problemas de comportamiento y mejorar las relaciones entre los alumnos». En efecto, este aprendizaje contribuye a favorecer un entorno de aprendizaje seguro. «Son valores que deben ser visibles, promovidos y compartidos por el conjunto de la comunidad escolar.»

Para desarrollar la adquisición de las competencias socioemocionales, Ron Astor explica que «las escuelas pueden favorecer actividades como la tutoría entre compañeros, los clubes, el servicio comunitario, las campañas de salud dirigidas por compañeros, las competiciones deportivas…». En suma, todo lo que mejora la vida escolar y afectiva global de una escuela: «Una escuela centrada en el aprendizaje social y emocional anima al alumno a obtener un sobresaliente en sus exámenes, pero también un sobresaliente de amigo y ciudadano».

Un proyecto institucional

Sería deseable que el aprendizaje socioemocional fuera un proyecto institucional y no se limitara a la educación cívica, donde la exposición se realiza de manera teórica.

Todos los educadores se sentirían apoyados y animados a promoverla.

> ¡El aprendizaje social y emocional puede integrarse en las asignaturas escolares, como las clases de literatura!
> Muchas novelas hablan de amor, de odio, de traición, de desesperación... Utilicémoslas para abordar con los alumnos su sentir ante estas cuestiones. (...) Se puede aprender mucho sobre la situación social y afectiva actual de los alumnos con el estudio de los clásicos.

La formación de los alumnos pasa primero por la imitación de su profesor

Muchos profesores que he conocido se preguntan: «Si veo a un alumno muy enojado, triste, ansioso, ¿tengo por ello que detener la clase? ¡Es una pérdida de tiempo!». Hemos visto que dedicar tiempo a responder individualmente, de manera empática, a las necesidades de un alumno no es una pérdida de tiempo, al contrario.

Hay que ver la extraordinaria atención que despliegan los alumnos cuando observan a un adulto que da muestras de empatía hacia un alumno. Al ver cómo el profesor responde a un alumno que tiene dificultades, los demás empiezan a desarrollar progresivamente sus propias competencias emocionales.

Las formaciones para transmitir las competencias socioemocionales a los alumnos

En realidad, las intervenciones en la escuela que pretenden favorecer la empatía de los alumnos son muy numerosas. En un artículo de 2016, Tina Malti, profesora de psicología en la Universidad de Toronto, pasa revista a diecinueve programas para desarrollar la empatía en el medio escolar y señala que, cuanto antes se introducen estos programas, mayores son los efectos positivos. En estas páginas he hablado con más detalle de la comunicación no violenta porque la conozco personalmente, pero existen otras muchas formaciones que no he experimentado: SEL, RULER, Banking Time, Teacher-Child Interaction Training (TCIT),[1] My-TeachingPartner (MTP), Making the Most of Classroom Interactions (MMCI),[2] The Peaceful Cooperation in Conflict Situation.[3]

He aquí dos estudios que evalúan los programas SEL y RULER.

El programa SEL
(Social and Emotional Learning)

En 1997, Maurice Elias, profesor de la Universidad Rutgers de New Jersey, definió el aprendizaje de las competencias socioemocionales como la adquisición de las facultades que permiten:

- Reconocer las propias emociones y las de los demás.

- Saber gestionarlas, comprender sus causas y sus consecuencias.
- Fijarse objetivos y alcanzarlos.
- Ser consciente de lo que piensan los demás.
- Establecer y mantener relaciones positivas.
- Tomar decisiones responsables.

El SEL también pretende reducir los factores de riesgo que conducen al joven a abandonar el sistema escolar. Este ambicioso programa actúa sobre las competencias cognitivas, afectivas y comportamentales. Su objetivo es mejorar cinco componentes interdependientes:

- El conocimiento de uno mismo.
- La autonomía.
- La conciencia social.
- Las competencias de relación.
- La toma de decisiones responsables.

Utiliza métodos variados: juegos de rol, actividades artísticas, etc.

El impacto de la formación SEL de preescolar a secundaria

En 2011, Joseph Durlak, profesor de psicología de la Universidad Loyola de Chicago, presentó los resultados de un metaanálisis de 213 estudios. Se trataba de evaluar el impacto del programa SEL, dirigido por los profesores, de la escuela de preescolar a secundaria, de 270.034 alumnos, comparándolos con lo que se llama un «grupo de control», es decir, un grupo que no siguió la formación.

Los resultados muestran que los alumnos que participaron en una formación para desarrollar sus competencias socioemocionales mejoraron los resultados escolares y la calidad de las relaciones con los profesores, y disminuyeron sus problemas de comportamiento.

Estas intervenciones pueden integrarse en el programa clásico y transmitirse a los profesores. Las condiciones esenciales para una transmisión eficaz son adoptar métodos de enseñanza activos que hagan participar a los alumnos, ayudándolos a cooperar, utilizando juegos de rol y explicando con claridad los objetivos que hay que alcanzar.

El programa RULER

Marc Brackett, director del Center for Emotional Intelligence de Yale, Estados Unidos, estudia el papel de la inteligencia emocional en el aprendizaje, la toma de decisiones, la calidad de las relaciones humanas y la salud mental. Es coautor de un enfoque que pretende desarrollar las competencias socioemocionales en los alumnos, llamado RULER, y que incluye a toda la comunidad escolar: profesores, personal de la escuela, administrativos y padres.

El término RULER se refiere a las cinco competencias emocionales que Brackett se propone desarrollar:

- *Recognizing*: reconocer las propias emociones y las de los demás.

- *Understanding*: conocer las causas y las consecuencias de las emociones.
- *Labelling*: saber dar nombre a las múltiples emociones con un vocabulario rico.
- *Expressing*: expresar las emociones de manera socialmente adecuada.
- *Regulating*: saber regular las emociones.

Los alumnos adquieren una profunda comprensión de las experiencias humanas a través de la riqueza de las diversas emociones. Reflexionan sobre su papel en las relaciones. Reciben una formación específica y aprenden a poner en práctica estas competencias en la vida diaria. Esta formación se adapta a la edad de los niños y utiliza un enfoque muy variado: el dibujo, el vocabulario, la lectura, la escritura, el intercambio, los juegos, etc. El programa RULER influye en los programas escolares existentes y propone cursos para mejorar los resultados de las competencias emocionales (comportamientos prosociales, relaciones sanas, mejor capacidad de decisión) y académicas (progresos en vocabulario, comprensión escrita, escritura y creatividad). Miles de escuelas utilizan este enfoque.

En 2012, Marc Brackett realizó un estudio para conocer el impacto de este programa. Se desarrolló a lo largo de un año escolar, durante siete meses (treinta semanas), y afectó a 273 alumnos del último año de primaria y el primer año de secundaria, en cinco clases procedentes de tres escuelas de Nueva York. El marco es el del curso académico normal, generalmente en las clases de lengua inglesa y de historia.

Los profesores reciben una formación interactiva de un día y medio. Tienen a su disposición un manual detallado y fichas correspondientes a cada sesión. Después, los trabajan en estas clases en pequeños grupos. Para terminar, cada uno presenta su propia clase al grupo, que hace comentarios y propuestas con el fin de mejorarla. El formador acompaña al profesor durante todo el año pero lo deja solo en su clase. Se evalúa a los alumnos seis semanas antes del inicio del programa y seis semanas después. Aprenden a reflexionar y a escribir sobre sus propias emociones y sobre las de los personajes de la literatura, pero también sobre las emociones de sus allegados.

Trabajos prácticos sobre la empatía

Por ejemplo, una clase trabaja sobre *El diario de Ana Frank* en un proyecto sobre la empatía. Los alumnos identifican a los personajes que experimentan empatía y después exploran cómo su comportamiento modifica este sentimiento. Esto requiere comprender las causas y las consecuencias de las emociones, así como sus diversas maneras de expresarlas y de enfrentarse a ellas.

Trabajos prácticos sobre: «Sentirse transportado por la alegría, encantado»

- La primera etapa consiste en comprender el significado de la palabra, explicitarla y luego recordar y describir las propias experiencias, y escuchar a los compañeros y al profesor contar las suyas. Después, los alumnos analizan las causas y las consecuencias de esta emoción y buscan sinónimos.

- Durante la segunda etapa se explica el concepto de manera abstracta, teórica, se aportan representaciones simbólicas, y luego se expresa de manera no verbal.

- La tercera etapa consiste en asociar esta emoción al mundo real, escolar y otros. Los alumnos evalúan la manera de considerar y expresar esta emoción en diferentes sociedades o en otras épocas.

- Durante la cuarta etapa, los alumnos incorporan a su familia. Piden a sus padres que les hablen de situaciones en las que se sintieron transportados por la alegría. Esto les hace comprender mejor a sus padres: sus sentimientos, sus pensamientos, sus acciones y su pasado. Esta etapa permite a los alumnos ponerse en el lugar de los adultos, comprender las causas y las consecuencias de sus experiencias emocionales, saber expresarse y comunicarse con ellos, y descubrir que tienen diferentes maneras de enfrentarse a estas emociones.

- Durante la quinta etapa, los alumnos conversan entre ellos. Por ejemplo, el profesor les pregunta qué experimentan cuando realizan alguna cosa importante. Los alumnos desarrollan su punto de vista sobre cómo expresar, aumentar, mantener o escuchar sus emociones y enfrentarse a ellas.

- Por último, en la sexta etapa los alumnos escriben una historia que comprende un inicio, un núcleo y un final en torno a las emociones de un personaje. Al principio de la historia el personaje está desesperado, y al final de la historia vive una alegría intensa, se siente feliz, encantado.

Al escribir, los alumnos integran sus propias ideas y sus sentimientos, lo cual los conduce a comprender cómo las emociones evolucionan y transforman sus experiencias vitales. Se dan cuenta de que la escritura los ayuda a reconocer mejor las emociones y a analizar en profundidad cómo sienten, observan, piensan y actúan las personas durante las experiencias emocionales. De esta manera, comprenden mejor por qué los sentimientos del personaje evolucionan y las consecuencias de este cambio de actitud. Por último, aprenden a utilizar gran variedad de palabras para describir estas emociones.

Beneficios del programa RULER

Con estos trabajos prácticos, los alumnos toman conciencia de que sus emociones y sus comportamientos afectan a los demás. Tienen menos comportamientos perturbadores y regulan mejor sus emociones a fin de concentrarse en su trabajo.

Los resultados de este estudio muestran que los alumnos que siguen el programa RULER presentan resultados escolares muy buenos en lengua inglesa y en competencias emocionales en comparación con el grupo de alumnos que no sigue este programa.

Dos programas de aprendizaje de las emociones a través de las historias

Preescolar: el intercambio después de la lectura de una historia

En 2016, Ilaria Grazzani, investigadora de la Universidad de Milán, estudió a 105 niños de dos a tres años de edad. Todos los días, durante dos meses, treinta y siete profesores reunían a los alumnos en pequeños grupos de cuatro a seis niños.

Primero el profesor procuraba que cada uno se instalara cómodamente y a continuación leía una historia, a la que seguía un intercambio a propósito de las emociones experimentadas por los personajes. Surgían las diferentes expresiones de los sentimientos, sus causas, la manera en que los personajes regulan sus emociones, su comportamiento prosocial: su manera de ayudar y de aportar consuelo.

En estas historias, los personajes viven situaciones cruciales que suscitan diversas emociones (están asustados, tristes, alegres, enojados). Para resolver estas dificultades, actúan preocupados por el otro, ayudan, apoyan y consuelan.

Después, Ilaria Grazzani pone una historia muy sencilla para estos niños de dos a tres años: Myriam está en la playa y juega con su cubo y su pala. Está muy contenta y tranquila. Aparece Tom, que le coge el cubo y se va corriendo. Myriam se pone furiosa y le dice: «¡Devuélvemelo, es mío!». Pero Tom no le hace caso y juega con el cubo. ¡Myriam está muy enfadada! Quentin ve a Myriam furiosa e intenta ayudarla. Le dice a Tom: «Este cubo es de Myriam. Y le gustaría que se lo devolvieras. ¿Quieres venir a construir un inmenso castillo de arena con nosotros?». Tom dice que sí y los tres niños juegan juntos. Entonces, Myriam ya no se siente furiosa.

Después, el profesor hace preguntas a los niños para ayudarlos a:

- Expresar las emociones. ¿Cómo es vuestra cara cuando estáis furiosos? ¿Qué decís cuando estáis furiosos? Cuando nos ponemos furiosos, podemos decir también que sentimos cólera... ¿Qué más podemos decir?
- Encontrar la causa de estas emociones. ¿Por qué Myriam está furiosa? ¿Vosotros os ponéis furiosos si alguien os quita un juguete? ¿Hay otras situaciones que os despiertan cólera?
- Regular las emociones. ¿Hacéis alguna cosa para evitar sentiros furiosos? Cuando os enfadáis mucho, ¿qué hacéis para sentiros mejor?
- Ayudarse mutuamente. ¿Habéis visto cómo ha ayudado Quentin a Myriam? Si uno de vuestros amigos está furioso, ¿qué haréis? ¿Qué es lo que ayudaría a vuestro amigo a recuperar la calma?

Este es un extracto de la conversación entre el profesor y los niños:

—¿Por qué Myriam está furiosa?
—Porque Tom le ha quitado el cubo —responde un niño.

El profesor asiente y completa la respuesta:

—Se lo ha quitado sin pedírselo. Nos ponemos furiosos cuando alguien nos quita alguna cosa que utilizamos sin pedirnos permiso. —Y añade—: ¿Quién tiene razón?

—Myriam —responden a coro todos los niños.

—Pero Tom quiere jugar con el cubo —continúa el profesor—. ¿No os ocurre a veces que queréis jugar con un juguete que está utilizando otro niño?

—Sí.

—¿Y qué podemos hacer?

Los niños no responden. El profesor espera antes de decir:

—Tenemos que encontrar una solución. Por ejemplo, Tom podría decir: «Por favor, ¿me dejas tu cubo?».

Los niños escuchan pensativos. Después de unos segundos, Marco pregunta:

—¿Y si Myriam no se lo deja?

—Entonces pueden jugar juntos, ¿no? —apunta el profesor—. ¿Qué hace Quentin al final de la historia?

—Los ayuda —dice uno de los niños—, le pide a Tom que juegue con ellos y se reconcilian.

Una formación a los siete años: conversar o dibujar a propósito de las emociones

Después de una lectura, ¿qué favorece más el desarrollo de las competencias socioemocionales, conversar o dibujar?

En 2014, Veronica Ornaghi, investigadora italiana de la Universidad de Milán, realizó un estudio conjunto con el investigador canadiense Jens Brockmeier con 110 niños de siete años de media. Se trataba de ayudarlos a comprender las emociones en una formación de dos meses de duración.

Los niños escuchan una historia y después se dividen en dos grupos: un grupo de niños discute y conversa con el profesor sobre las emociones de los personajes. El segundo grupo no conversa sino que dibuja la historia. Los resultados son claros: el grupo de niños que conversa obtiene mucho mejores resultados que el que dibuja. Los niños comprenden mejor las emociones, tienen mayor capacidad de ponerse en el lugar del otro y experimentar empatía. Todos estos aprendizajes se mantienen estables seis meses después de estos intercambios alrededor de las emociones.

Después de una historia, intercambiar emociones ayuda mucho más a los niños a desarrollar sus competencias emocionales que el dibujo.

Un programa a propósito de las emociones para los adolescentes

En 2013, Ruth Castillo, profesora de psicología de la Universidad Camilo José Cela, de Madrid, inició un estudio con 590 adolescentes de once a diecisiete años de edad, con una media de trece años y medio, procedentes de ocho escuelas públicas, que recibieron una formación destinada a desarrollar la inteligencia emocional.

¿Cómo se desarrolló esta formación?

Los formadores eran psicólogos y recibieron veintidós

horas de formación. Además, el coordinador del proyecto se reunió individualmente con cada formador de diez a quince veces durante treinta minutos. Los profesores de la clase asistieron a la formación.

Repartieron a los adolescentes en dos grupos: uno siguió la formación y el otro no (grupo de control). Esta formación larga se estructuraba en doce secciones de una hora al año durante dos años.

Los alumnos participaron en actividades centradas en las emociones: actividades lúdicas, juegos de rol, proyectos artísticos, películas y talleres de reflexión con varios ejes:

- **Tener una percepción precisa de las emociones, saber evaluarlas y expresarlas.** Los alumnos trabajaban en grupos sobre imágenes, esculturas, guiones, obras de teatro o de música para reconocer las emociones expresadas. Cada alumno ponía ejemplos específicos de emociones y explicaba por qué se representaban de aquella manera. Este trabajo se completaba con un debate sobre las diferentes expresiones emocionales para conocer la gama completa de emociones.
- **Tener conciencia de que los sentimientos y las emociones ayudan a reflexionar, a pensar.** El objetivo era comprender la función de las emociones. Durante cada sesión, la música, los poemas o las historias inducían emociones. Después, los alumnos debatían y reflexionaban sobre el sentido de las emociones, su papel en la vida cotidiana, cómo las emociones focalizan la atención, el aprendizaje, las elecciones y la creatividad. Esta sesión terminaba con

una introducción a la comprensión de las causas y las consecuencias de las emociones.

- **Comprender y analizar las emociones y adquirir un vocabulario rico para definirlas.** El objetivo era mejorar la comunicación emocional y comprender el proceso de las emociones. El profesor hablaba con gran riqueza léxica para expresar las siete emociones básicas: alegría, tristeza, miedo, cólera, sorpresa, asco y vergüenza. Los alumnos trabajaban las diferentes palabras que evocan las emociones que se corresponden mejor con su edad (orgullo, culpabilidad, celos, frustración, curiosidad, etc.) a través de un cortometraje, un poema o un texto que explicaba por qué los personajes experimentan tales sentimientos, la evolución de sus emociones, la diferencia entre las emociones simples y complejas, y las consecuencias de estas emociones.

- **Regular de manera reflexiva las emociones para desarrollarse emocional e intelectualmente.** El objetivo era saber cómo regular las emociones. Los alumnos tenían que elaborar un repertorio de lo que favorece unas relaciones sociales mejores. El profesor discutía con ellos sobre lo que es eficaz e ineficaz para regular las emociones y cómo y por qué es importante regularlas. Se invitaba a los alumnos a reflexionar sobre una situación emocional durante la cual se habían sentido cómodos y a anotar qué estrategias habían utilizado para reducir, evitar o aumentar estas emociones. Después clasificaban sus estrategias en un cuadrante con dos ejes: enfrentarse/evitar; pensar/actuar. A continuación se discutían las mejores estrategias de regulación según situaciones concrètas, personajes de películas o juegos de rol. Por último, cada semana, los alumnos trabajaban sobre situaciones racionalmente difíciles vividas en su clase y exponían cómo y por qué se enfrentaron a estas situaciones.

Durante esta formación, el grupo de control no estuvo inactivo. Siguió la enseñanza oficial del gobierno español para la escuela secundaria sobre el clima y la organización escolar, la coordinación con las familias, el desarrollo de la autoevaluación personal y la autoestima, la prevención de las adicciones, la educación en los valores morales, la educación afectiva y sexual, los consejos académicos y profesionales y el desarrollo oficial de las competencias sociales.

Contra el acoso, despertar la empatía

En 2016, Claire Garandeau, investigadora de Ciencias de la Educación de la Universidad de Utrecht, en los Países Bajos, realizó un estudio aleatorizado con colegas finlandeses en veintiocho escuelas de primaria y secundaria de Finlandia. Se trababa de analizar 341 casos de acoso en los que se utilizaron diferentes métodos con el fin de intentar que cesara el acoso.

Los resultados muestran que es muy importante distinguir entre el hecho de censurar un comportamiento y el hecho de censurar al propio niño: condenar un comportamiento comporta efectos positivos, mientras que censurar al niño no cambia su comportamiento.

Para conseguir que el acoso cese, es esencial que las intervenciones sobre el acosador asocien una condena muy clara de su comportamiento con esfuerzos para despertar su empatía respecto a la víctima.

En 2012, el investigador turco Mustafa Şahin demostró que una formación destinada a despertar la empatía en niños acosadores disminuía significativamente el acoso en comparación con un grupo de control. Este trabajo se desarrolló a lo largo de tres meses con once sesiones de setenta y cinco minutos. Se trataba de una formación a la vez teórica y práctica con juegos de rol y tiempo de intercambio y de reflexión.

Un experimento en Francia

Un artículo publicado por el periódico *Le Monde* del 1 de febrero de 2017 relata un experimento llevado a cabo por la Agencia Regional de Salud (ARS) de los Países del Loira y el rectorado de Nantes en colaboración con la enseñanza católica. El objetivo era permitir a los profesores (CM1, CM2 y 6.º [equivalente a de 4.º a 6.º de primaria], niños de nueve a once años) que desarrollaran las competencias socioemocionales de sus alumnos. La Ireps (Instancia Regional de Educación y Promoción de la Salud) diseña una cartera de competencias psicosociales, forma a los profesores e interviene con ellos en clase.

Béatrice Lamboy, doctora en psicología clínica y presidenta de la Asociación Francófona de Educación y Promoción de la Salud (AFEPS), enseña las competencias psicosociales en la universidad. En el citado artículo de *Le Monde*, dice:

> No disponemos de un estudio nacional. Se trata solo de experimentos e iniciativas locales. El escollo es el encuentro entre el mundo científico, que desarrolla y utiliza programas validados internacionalmente desde hace más de veinte años, y el mundo local francófono, que experimenta enfoques de terreno. (…) Ni la escuela ni la enseñanza de la pedagogía pueden saltarse las competencias psicosociales. Pero son aprendizajes que rompen con la enseñanza magistral a la francesa. No podemos limitarnos a una transmisión vertical de los conocimientos. Cuando se trata de educar en la regulación de la ira, por ejemplo, se trabajan habilidades, es algo que afecta a la manera de ser: esto requiere pasar por la experiencia, la práctica, los juegos de rol… En realidad, el profesor está implicado. Por lo tanto, intervenir en las carreras de enseñanza públicas o privadas de los profesores de escuela es un reto. (…) El reforzamiento de estas competencias está destinado a todos, con la lógica del bienestar y el éxito educativos. Incluso se ha demostrado que la inserción profesional y el bienestar en el trabajo son mejores en los adultos que se beneficiaron de ello en la infancia. Es un encadenamiento virtuoso impresionante.

10. Cuando los alumnos adquieren estas competencias socioemocionales

Como he mencionado en páginas anteriores, no es lógico cultivar las competencias socioemocionales en los alumnos sin que los propios profesores las hayan desarrollado. Suelen ser los profesores, y no el personal exterior, los que se forman y transmiten estas competencias a sus alumnos.

El desarrollo personal, las relaciones sociales y el éxito escolar mejoran

Numerosos estudios demuestran que el aprendizaje de estas competencias permite al alumno progresar en todos los ámbitos.[1]

Hoy se sabe que un alumno que ha desarrollado sus capacidades socioemocionales se vuelve más empático, tiene relaciones sociales más satisfactorias y disminuye los comportamientos agresivos. Su desarrollo personal global mejora, pero también su rendimiento escolar.

Estos tres parámetros —el desarrollo personal del

alumno, las relaciones sociales y el éxito escolar— están íntimamente relacionadas.

Dos estudios de 2016 analizan con detalle los efectos del desarrollo de estas competencias en la escuela. Kimberly Kendziora, investigadora del American Institutes for Research, de Washington, recomienda el desarrollo de las competencias socioemocionales y recuerda que ayudan a los alumnos a comprometerse con su trabajo y, de esta manera, rinden mejor.[2] Los alumnos son más conscientes y confían más en su capacidad de aprender. Están motivados, saben enfrentarse al estrés y organizar su trabajo.[3] Lori Nathanson, profesora de Yale, señala que los beneficios de estas competencias en la escuela van mucho más allá del éxito escolar porque permiten, tanto a los profesores como a los alumnos, mejorar la perseverancia frente a los retos,[4] la reflexión y el razonamiento deductivo,[5] enfrentarse al estrés,[6] entenderse con los demás,[7] inspirar fiabilidad y confianza,[8] reducir las agresiones y el desamparo personal, y aumentar los comportamientos prosociales.

Los comportamientos prosociales se definen, como hemos visto, como actos voluntarios para promover el bienestar de los demás: ayudar, compartir, reconfortar y cooperar. Ahora bien, la competencia emocional y la competencia social están ligadas y permiten cooperar. Los niños competentes emocionalmente tienen actitudes generales más positivas respecto al entorno escolar y aprenden mejor. Numerosos investigadores afirman que cuanto más saben los alumnos compartir, ayudar y cooperar con sus semejantes, mayor es su éxito escolar.[9] La capacidad para tomar la palabra, para buscar ayuda cuando la necesitan, para escuchar a los demás niños o a los adultos y para cooperar es crucial para el bienestar en la clase. Además, un niño socialmente competente suele recibir una evaluación positiva por parte de sus profesores y sus compañeros.

Veamos algunas de las numerosas publicaciones que estudian las consecuencias de las competencias emocionales en los alumnos según su edad.

Beneficios en los niños de preescolar

Este período es fundamental para el futuro del niño, su socialización y su éxito escolar posterior.

Niños que hablan mejor y tienen comportamientos de ayuda mutua

He hablado antes del trabajo efectuado por Ilaria Grazzani, investigadora de la Universidad de Milán. Todos los días, durante dos meses, el profesor lee una historia a un pequeño grupo de cuatro a seis niños, de dos a tres años, y después conversa con ellos sobre las emociones experimentadas por los personajes. Los niños del grupo de control escuchan las mismas historias, pero no intervienen en el intercambio verbal después de la lectura; juegan al Lego, construyen torres, hacen rompecabezas o juegan libremente.

El resultado de este trabajo con estos niños muy pequeños demuestra, con respecto al grupo de control, un impacto positivo en el desarrollo global del lenguaje y de la expresión verbal de las emociones y de su comprensión, así como en los comportamientos de ayuda mutua. Los resultados son tanto más importantes cuanto que los niños son mayores.

Niños que progresan en todos los aprendizajes aunque procedan de medios muy desfavorecidos

Karen Bierman, psicóloga de la Universidad del Estado de Pensilvania, demostró en 2008 que los niños de preescolar que recibían una formación para desarrollar estas competencias tenían más ganas de aprender y eran mejores en vocabulario y en todos los aprendizajes escolares que el grupo de niños que no habían recibido esta formación. En 2017 confirmó estos datos estudiando a niños que procedían de barrios muy pobres.

En 2015, Timothy Curby, de la Universidad George-Mason, en Virginia, estudió a 91 niños de tres a cinco años procedentes de siete escuelas de preescolar de los barrios pobres de las afueras de Washington. Observó que los alumnos que presentaban competencias socioemocionales eran más cooperativos y sensibles a las emociones de los demás y que aprendían mejor los elementos necesarios para la prealfabetización (que preparan para la lectura, la escritura y el cálculo). Tenían un mejor conocimiento del alfabeto, de la escritura y de la conciencia fonológica que los niños que no habían desarrollado estas competencias; en efecto, muchos niños

de estos barrios con dificultades están ansiosos y se
retrasan.

De preescolar a secundaria: alumnos motivados, que confían en sus capacidades y aprenden mejor

Ya hemos mencionado el estudio que Joseph Durlak,
profesor de psicología de Chicago, realizó en 2011.
Durlak evalúa el impacto de un programa de aprendizaje
de las competencias sociales y emocionales (SEL) de la
escuela de preescolar a secundaria en 270.034 alumnos
y lo compara con un grupo de control.

Observa que las relaciones entre los profesores y los
alumnos mejoran, lo cual hace más tranquilizador el
ambiente en la escuela y aumenta la motivación de estos
alumnos, que adoptan entonces una actitud positiva
frente a la institución escolar. Los alumnos también son
más conscientes y confían más en sus capacidades de
aprendizaje y de perseverancia ante los esfuerzos que
deben realizar; además, saben mejor cómo resolver las
dificultades y tomar decisiones para estudiar de una
manera más provechosa.

Constata asimismo que el SEL mejora las funciones
ejecutivas, como saber inhibir las distracciones, planificar, resolver los problemas, regular las emociones y
estar atento.

Vitor Coelho, de la Universidad de Coimbra, Portugal,
constata, en un estudio de 2016 (1.237 alumnos de treinta
y siete escuelas públicas), que trabajar las competencias

emocionales en niños de primaria tiene efectos positivos importantes sobre el autocontrol, la conciencia social, la socialización y la autoestima.

Gracias a las competencias socioemocionales, la agresividad disminuye

Los comportamientos agresivos es uno de los problemas principales en las escuelas, alteran el clima escolar y disminuyen la calidad de la enseñanza, del aprendizaje y de las relaciones con los compañeros y los profesores. Estos comportamientos se asocian, además, con un aumento del nivel de estrés y del *burn-out* en los profesores, que puede conducirlos a la dimisión. A menudo los docentes se sienten desamparados, no saben qué actitud adoptar y algunos de ellos recurren al castigo, las reprimendas verbales y las expulsiones. Así pues, existe una necesidad imperiosa de prevención y de intervención inmediata.

¿Hay manera de disminuir esta agresividad? ¿Las formaciones para desarrollar la inteligencia emocional tienen un impacto positivo en la capacidad de empatía y en la agresividad de los adolescentes? Este es el objetivo de la investigación que Ruth Castillo realizó con adolescentes en 2013. Recuerda varios puntos esenciales: los adolescentes agresivos no saben identificar y regular sus emociones negativas; la agresividad en las clases crea un mal clima que reduce la calidad de la enseñanza y el aprendizaje y, finalmente, la falta de empatía en los adolescentes se asocia con problemas de acoso y victimización, de depresión y de dificultades sociales.[10]

Al final de su estudio, Ruth Castillo observa que esta formación ayuda a los alumnos a aumentar su empatía, competencia muy relacionada con el comportamiento altruista y prosocial. Después, disminuye la sensación de desamparo personal, sentimiento que reduce los comportamientos prosociales. Los alumnos desarrollan entonces estrategias para enfrentarse a su hostilidad y a su ira, que les permiten resolver los conflictos más pacíficamente y comportarse de manera menos agresiva.

En conclusión, el estudio demuestra la eficacia de esta formación, en comparación con el grupo de control, para aumentar en los adolescentes la capacidad de empatía y reducir su agresividad física y verbal, su cólera, así como su angustia personal. Este programa es muy eficaz para desarrollar la empatía en los niños varones. Estos hechos confirman que trabajar sobre las competencias emocionales y sociales es eficaz y que desarrollar la empatía permite disminuir los comportamientos agresivos.

Otros muchos estudios demuestran que el desarrollo de la inteligencia emocional en la escuela favorece la empatía y las relaciones sociales satisfactorias y disminuye los comportamientos agresivos.[11]

11. ¿Felicitar o animar?

Desde su más tierna edad, el niño necesita apoyo para crecer, superar los obstáculos y perseverar. Es muy dependiente de su entorno, que le da o no la confianza y la autoestima necesarias para progresar.

Pero ¿qué tipo de apoyo necesita? ¿Es preciso animarlo o felicitarlo para que confíe en sí mismo, mantenga unas relaciones satisfactorias y se sienta motivado para aprender y actuar? Esta pregunta es muy importante, porque la actitud de los adultos puede conllevar efectos contrarios a los esperados.

¿Cómo darle confianza? ¿Felicitándolo?

Las felicitaciones y la confianza en uno mismo

Las felicitaciones pueden volver dependiente, ansioso y pasivo al niño

«Eres formidable, maravilloso», «Alumno habilidoso e inteligente», «¡Qué valiente eres!», «¡Eres el más fuerte!»… Muchos adultos piensan que felicitar a un niño tiene efectos beneficiosos, pero las felicitaciones lo vuelven dependiente del juicio de los demás, no conducen a la autonomía, aportan una motivación y una confianza extrínseca, es decir, que no proceden de la propia persona, sino de lo que los demás esperan y piensan.

Por otra parte, las felicitaciones alteran profundamente la relación adulto-niño. Algunos niños o adolescentes solo reciben atención, incluso afecto, cuando tienen éxito en la escuela, sacan buenas notas o reciben buenas valoraciones («Alumno serio y agradable, felicidades»). En consecuencia, estudian no porque el trabajo les interese, sino solo para que los profesores o los padres los aprecien o se fijen en ellos. Están desorientados, ya no saben quiénes son. Se pierden, se consideran una «máquina de tener éxito»: sacar buenas notas, ser el primero a toda costa. Cuando en el último curso de bachillerato se les pregunta qué les gusta, qué sentido quieren dar a su vida, no saben responder porque no se conocen.

No sentirse apreciado por uno mismo sino por lo que satisface a los padres o a los profesores es un condicionamiento que puede conducir a estos niños, una vez adultos, a existir solo en la mirada de los demás o a experimentar una sed inextinguible de reconocimiento. Dado que en su escolaridad han integrado que ser el primero era el valor esencial, buscan las posiciones dominantes, de poder, no eligen lo esencial, es decir, un trabajo que tenga sentido para ellos y que les aporte algo.

Muy a menudo las felicitaciones generan ansiedad, porque, ¿cómo mantenerse a la altura de estas felicitaciones? El niño sabe a ciencia cierta que se equivoca, que comete errores, tiene debilidades y fallos. Creemos suscitar así la motivación de los niños, pero esta lógica los conduce a ser conscientes de su valor cuando lo hacen bien y a pensar que no valen nada cuando lo hacen mal. Esta actitud instaura una presión asfixiante para tener éxito y mina la motivación personal. Además, las felicitaciones pueden hacerles creer que realmente son formidables, inteligentes o fuertes, y cabe la posibilidad de que se vuelvan arrogantes y despreciativos respecto a los demás. Por último, creer que se es «naturalmente» inteligente puede eximir a algunos niños de hacer el menor esfuerzo, con lo que se volverán pasivos y dejarán de trabajar: «Soy inteligente, tengo talento, no hace falta que me esfuerce».

Censuramos a los niños más de lo que creemos

La censura es más habitual que la felicitación.

En 2016, Stephanie Swenson, del Centro Pediátrico de Washington, estudió 128 parejas progenitor-niño de un barrio desfavorecido; la mayoría de los progenitores eran madres, el 67 % eran afroamericanas sin empleo y acudían a consultar al hospital por trastornos del comportamiento de sus hijos. Los niños tenían entre dos y cinco años. Con su consentimiento, se filmó a los padres durante quince minutos mientras jugaban con sus hijos. Stephanie Swenson constató que —a pesar de que los padres afirmaban que felicitaban a menudo, incluso muy a menudo, a su hijo y solo en muy raras ocasiones lo censuraban, incluso nunca— los progenitores censuraban tres veces más de lo que felicitaban.

Esto indica que los padres sobrestiman su utilización de la felicitación y a su vez subestiman su censura, que es mucho más frecuente.

Planteo la hipótesis de que los resultados serían los mismos fuera cual fuese el origen sociocultural de los padres.

¿Cómo ayudar al niño a desarrollar una confianza intrínseca?

Uno de los objetivos del acompañamiento de los niños y los adolescentes es que desarrollen confianza en sí mismos y que esta confianza deje de depender del juicio de los demás y, por lo tanto, se vuelva intrínseca. Es decir, que puedan adquirir progresivamente un profundo conocimiento de sí mismos, ser conscientes de sus fallos y capacidades, sepan acoger como normales los errores y fracasos, experimenten, se desanimen y vuelvan a empezar.

Por supuesto, con el apoyo y la confianza de los adultos, el niño adquirirá poco a poco confianza en sí mismo, esa motivación intrínseca que le permitirá progresar: «Veo que has trabajado a fondo este tema, ¿puedes decirme qué te ha apasionado en concreto en este trabajo?», «Por lo que parece, esta asignatura no te gusta, ¿puedes decirme por qué?, ¿necesitas ayuda?».

El niño, o el adolescente, encontrará en sí mismo la motivación para trabajar porque tomará conciencia de lo que le interesa y, muy progresivamente, sabrá en qué dirección orientar su vida.

Apoyo, ánimo y ayuda para conocerse es lo que el niño necesita.

Felicitar al niño por sus esfuerzos y sus actos, no por sus cualidades

Haim Ginott (1922-1973), médico estadounidense, psicólogo y profesor, distingue las felicitaciones descriptivas, que son útiles, de las felicitaciones evaluativas, que son inútiles. Una felicitación evaluativa concierne al carácter, la personalidad y el físico. Una felicitación descriptiva se centra en el trabajo, los esfuerzos y la realización. Para ello, el adulto debe ser preciso: sus descripciones deben formularse de tal manera que se reconozca lo que el niño ha realizado y que se lo respeta. El objetivo es que el niño pueda evaluar por sí mismo sus actos y sus aptitudes. Porque existen dos aspectos en una felicitación descriptiva: lo que se dice al otro y lo que el otro se dice a sí mismo.

Por ejemplo, un profesor puede expresarse así: «Veo que has trabajado mucho este tema, has hecho búsquedas, has leído, has reflexionado, te has planteado preguntas, has interrogado a tu entorno, a tus compañeros… ¡Muy bien, así es como se progresa, continúa!». El profesor guía al alumno, que se sentirá apoyado y animado a continuar. En cambio, una felicitación como «Buen alumno» o «Alumno habilidoso, inteligente» no lo ayudará en nada.

Transmitir a los alumnos que siempre se puede progresar... trabajando

Nuestras cualidades intelectuales y morales ¿son inmutables o pueden mejorar? En un artículo publicado en 2013, Elizabeth Gunderson, entonces investigadora en la Universidad de Chicago, menciona las numerosas investigaciones que se interrogan sobre el carácter inmutable o flexible de las cualidades intelectuales y morales de los seres humanos. Gunderson muestra las maneras muy diferentes de considerar al ser humano. Algunos piensan que las capacidades intelectuales y morales son inmutables, y otros, que son flexibles. Ahora bien, esta apreciación del ser humano afecta en la manera de considerar la motivación, la cognición y el comportamiento.

En efecto, las personas que piensan que los seres humanos pueden progresar ven el esfuerzo como positivo. Así, cuando los adultos transmiten a los niños y a los adolescentes que la inteligencia es maleable, los resultados escolares mejoran.[1]

Lo mismo ocurre con los juicios morales. Los niños convencidos de que las personas consideradas «malas» no pueden cambiar están menos motivados para resolver los conflictos de manera positiva. Saber que los rasgos son maleables y pueden mejorar, tanto en lo que concierne a la inteligencia como a las cualidades morales, permite tener más actitudes positivas que cuando se piensa que evolucionar es imposible.

Estimular los esfuerzos favorece la motivación. Los niños comprenden que sus capacidades son maleables, atribuyen su éxito al hecho de trabajar duro, de utilizar estrategias para progresar, se alegran con los retos y todo esto conduce a un nuevo aumento de su motivación que se traduce en progresos.

¿Cómo se desarrollan estas creencias? Estimulando a los niños desde su más tierna edad. Cuando se los felicita por lo que son, se les indica implícitamente que sus cualidades son innatas y fijas, lo cual no los anima a trabajar ni a hacer esfuerzos, mientras que felicitarlos por su trabajo y sus esfuerzos les muestra que pueden progresar.[2]

Apoyar al niño aumenta la concentración de dopamina, molécula del placer de vivir y de la motivación

Apoyar y animar al niño hace segregar oxitocina, que a su vez produce la secreción de dopamina, molécula cerebral que aumenta el placer de vivir, estimula la motivación y la creatividad. Cuando el niño emprende una actividad con entusiasmo y motivación, multiplica sus capacidades de aprendizaje y las oportunidades de realizar su proyecto.[3]

Animar al niño o al adolescente en sus esfuerzos, ayudarlo a conocerse para que sepa evaluar por sí mismo sus capacidades y sus debilidades e identificar lo que le interesa es una pista que le permite desarrollarse social e intelectualmente.

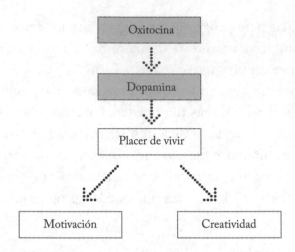

Figura 4. Oxitocina y dopamina. La dopamina se segrega gracias a la oxitocina.

Expulsiones, estímulos y recompensas: diferencias entre las escuelas estadounidenses, chinas y japonesas

En 2016, George Bear, de la Universidad de Delaware, en Newark (Estados Unidos), inició con sus colegas chinos y japoneses un amplio estudio internacional en 3.588 escuelas elementales y de secundaria. Constataron que las expulsiones definitivas, las expulsiones provisionales, los castigos y los problemas de comportamiento son frecuentes en las escuelas estadounidenses, mientras que son raros en las escuelas chinas y japonesas. Las razones de esta diferencia probablemente son culturales.

En Asia, la búsqueda de «la armonía social, valor supremo», de la «piedad filial» y del «autocontrol» es una herencia de Confucio compartida por chinos y japoneses. En estos países, la norma es promover los comportamientos prosociales, las relaciones sociales, el respeto por los mayores, la autodisciplina y el éxito escolar.

Estos valores influyen en los profesores, que son reticentes a recurrir a la expulsión de los alumnos y los incitan a mantener fuertes relaciones con ellos. Los profesores japoneses y chinos tienen entre sus atribuciones un papel parecido al de los padres, que es mejorar el desarrollo global de los alumnos a la vez que enuncian reglas claras.[4]

A los niños, estos valores se les transmiten desde su más tierna edad y durante todo su desarrollo. Respetan más a sus padres y a sus profesores, y tienen mejores relaciones con ellos que los niños estadounidenses. Muchas investigaciones muestran que los alumnos tienen pocos problemas de comportamiento en clase y mejores resultados escolares cuando respetan a sus profesores y cuando las relaciones profesor-alumno son positivas.[5]

Los estímulos y las recompensas son más habituales en las escuelas chinas que en las estadounidenses. En cambio, entre las escuelas elementales estadounidenses y japonesas no existe diferencia en esta cuestión.

Este estudio señala la existencia de tres grandes diferencias en la manera de ser de los profesores y los alumnos en función de las culturas de origen.

12. El cerebro se modifica gracias a la neuroplasticidad y la epigenética

Cada relación, cada encuentro nos afecta en un sentido positivo o negativo y transforma nuestro cerebro. Este es uno de los mensajes esenciales de las neurociencias afectivas y sociales, y se trata de una auténtica revolución en la comprensión del ser humano.

El profesor, lo que es, su propia persona y su manera de transmitir son primordiales y a buen seguro influyen en el desarrollo del cerebro del niño. Numerosas investigaciones actuales muestran los efectos de la relación con los padres en el cerebro de los hijos y adolescentes. Pero todavía no existen estudios sobre los efectos de la relación profesor-niño sobre el cerebro de los alumnos.

Nuestro cerebro está construido en la interfaz de la experiencia y la genética. Pero nuestras experiencias de relación tienen una influencia preponderante, pues transforman el cerebro de manera profunda e incluso pueden modificar la expresión de ciertos genes.

Estas modificaciones cerebrales debidas a las experiencias de la vida se producen gracias a dos mecanismos: la neuroplasticidad y la epigenética.

La neuroplasticidad

El cerebro del niño es sumamente maleable, «plástico»

El cerebro es un órgano «plástico». La noción de neuro-plasticidad significa que el cerebro se remodela por efecto de las experiencias, y eso a lo largo de toda la vida. La gran particularidad del niño y el adolescente es tener una plasticidad mucho mayor que el adulto. La vida intrauterina y los dos primeros años de vida son los períodos más determinantes para el desarrollo del cerebro, que después sigue sensible a su entorno durante toda la infancia y se vuelve muy vulnerable durante la adolescencia, como veremos.

La plasticidad cerebral modifica el cerebro en profundidad

La plasticidad cerebral es un proceso complejo que permite al cerebro adaptarse frente a un entorno en perpetuo cambio. Aprender, memorizar e integrar en nuestra vida lo que se ha comprendido y aprendido son procesos que dependen de las modificaciones químicas y estructurales del cerebro.

La experiencia actúa sobre el cerebro modificando la actividad vascular, el metabolismo, las moléculas cere-brales, el desarrollo de las neuronas, su mielinización, la fuerza de las conexiones entre las neuronas, las sinapsis, la actividad de las células gliales, las redes neuronales, las estructuras cerebrales e incluso la expresión de ciertos genes. Estas remodelaciones y esta plasticidad se manifiestan por la emergencia, la desaparición o la reorganización de las sinapsis y también de las neuronas y los circuitos neuronales.

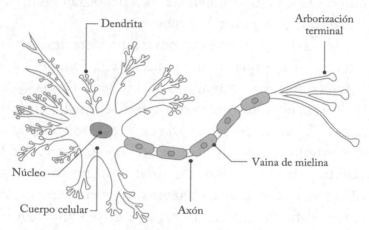

Figura 5. Neurona.

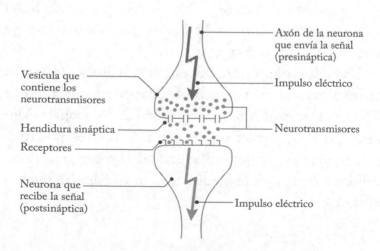

Figura 6. Intercambios sinápticos.

Cada cerebro es único

A través de la bioquímica, la experiencia modela la estructura de los circuitos neuronales, haciendo que cada cerebro sea único y el producto de nuestras experiencias individuales, pero también de nuestro bagaje genético transmitido por nuestros ascendientes.

Todas las experiencias afectivas, intelectuales, sensoriales o motrices que el niño tiene, las relaciones que teje con su familia, sus amigos, sus compañeros de clase, sus profesores, el ambiente, la atmósfera, el medio social y cultural, la situación pecuniaria en la que crece, en casa, en el exterior, en los diversos lugares que frecuenta, en la escuela, la estimulación cognitiva y la nutrición son factores que remodelan su cerebro de manera permanente y muy profundamente, y que, por ello, desempeñan un papel considerable tanto en sus aptitudes cognitivas como sociales.[1]

Esta plasticidad es de doble filo, porque puede hacer evolucionar al niño en la buena dirección o no, en función del entorno en el que viva.

Louis Cozolino recuerda que el cerebro se desarrolla cuando se estimula y se debilita cuando no se estimula.[2] Richard Davidson, de la Universidad de Wisconsin-Madison, señala, por su parte, que los factores positivos principales de la neuroplasticidad son las relaciones cálidas y de apoyo, la meditación en conciencia plena y el ejercicio físico.[3]

Desarrollar una relación de calidad con los alumnos, apoyarlos y animarlos favorece la neuroplasticidad, estimula los circuitos neuronales y mejora el aprendizaje

En 1986, Luis Baptista realizó un estudio muy interesante que incita a la reflexión. Constató que los pájaros aprenden mejor su canto cuando se los expone a pájaros que cantan y no a cantos grabados, lo que demuestra que necesitan interacciones sociales para desencadenar la neuroplasticidad. ¿Qué pasa entonces con esos cursos propuestos a los alumnos por medio de diferentes medios de comunicación sin la presencia real de profesores frente a los alumnos?

Los seres humanos, como los pájaros, se implican de manera más efectiva en el estudio cuando se encuentran con su profesor cara a cara, mente con mente, corazón con corazón, cuando pueden dialogar con él, hacerle preguntas.

La transmisión de los conocimientos y el entorno social actúan de manera sinérgica en el aprendizaje. El profesor, a través de la transmisión de los conocimientos, por supuesto, pero también con su actitud, optimiza la plasticidad cerebral del alumno. La personalidad de los profesores, su entusiasmo y su manera de ser son componentes vitales de este proceso neurobiológico. Los docentes que utilizan su personalidad, sus competencias personales y sus métodos para crear un entorno enriquecido, pero además de apoyo, alentador y benevolente, estimulan la plasticidad neuronal, mejoran el desarrollo del cerebro del alumno y facilitan su aprendizaje. En una clase, las relaciones que aportan seguridad y apoyo entre el profesor y el alumno favorecen el desarrollo del cerebro, pero también permiten al niño regular sus emociones, lo cual favorece el aprendizaje.[4]

Cada vez que aprendemos, los circuitos neuronales se modifican

El sitio web canadiense «Le cerveau à tous les niveaux» (El cerebro a todos los niveles) nos hace viajar a la profundidad del cerebro y comprender cómo se efectúan estas modificaciones cerebrales. Esto es lo que el internauta puede descubrir en esta web:

> El aprendizaje se basa en la plasticidad de los circuitos del cerebro, es decir, en la capacidad de las neuronas de modificar de manera duradera la eficacia de su transmisión sináptica. (...) Cada vez que aprendemos algo, se modifican unos circuitos neuronales en nuestro cerebro. (...) Las sinapsis aumentan su eficacia como consecuencia de un aprendizaje, facilitando así el paso del influjo nervioso en un circuito particular. (...) Al variar la cantidad de neurotransmisores emitidos, de receptores disponibles o también la afinidad entre ambos, las sinapsis se modifican constantemente para permitirnos aprender. Por lo tanto, la transmisión sináptica es un mecanismo omnipresente que origina la gran plasticidad del cerebro.[5]

El éxito del aprendizaje requiere un mínimo de estimulación, de exigencia y de retos

Desde hace varios decenios sabemos que los entornos estimulantes y ricos tienen un impacto positivo en el crecimiento neuronal y el aprendizaje. Los animales criados en entornos complejos y estimulantes muestran un aumento de la plasticidad y un mejor desarrollo del cerebro, que presenta neuronas más largas y sinapsis más numerosas.[6]

En 2013, Louis Cozolino recordaba que:

> Se necesitan niveles entre medios y moderados de despertar mental, cerebral, para desencadenar la neuroplasticidad, con lo que aumentarán los neurotransmisores, los factores de crecimiento cerebral y el BDNF [*brain-derived neurotrophic factor*, véase p. 244], entre otros, que a su vez activarán el crecimiento neuronal, incrementarán la conectividad y reorganizarán la corteza. Por lo tanto, para que la neuroplasticidad aparezca, es necesario hallarse alerta, vigilante, en un estado de despertar fisiológico y cerebral que permita estar atento, concentrado y motivado. Hay que saber suscitar en el alumno este estado de ardor que lo estimule, le abra todas las facultades sensoriales, intelectuales y afectivas, le abra el apetito, le dé ganas de aprender, de descubrir, de explorar. En cambio, si el estado de vigilancia, de despertar cerebral del alumno es muy bajo o, al contrario, si el alumno está sobreexcitado, la neuroplasticidad se interrumpe. La plasticidad se detiene en ausencia de estimulación

para conservar la energía y cuando la estimulación es demasiado fuerte para desviar la energía hacia la supervivencia.

Por último, Louis Cozolino constata que «cuando los adultos humanos se comprometen en un trabajo estimulante, en la exploración de ámbitos nuevos, su cerebro se vuelve más complejo, robusto y más resistente a las enfermedades debidas a la edad».

La epigenética

Los genes, transmitidos por nuestros antepasados, llevan nuestra herencia y la transmiten a nuestra descendencia. Nos hacen sensibles a una u otra enfermedad y modelan nuestro temperamento. El temperamento del niño y las relaciones que vive con los adultos o los otros niños interactúan de forma permanente.

El entorno puede modificar la expresión de los genes

Al inicio, los genes sirven de matriz para la arquitectura del cerebro, llevan la información para su construcción. Después, bajo la influencia permanente de la experiencia, la expresión de estos genes se modifica, creando un cerebro único y, por lo tanto, una persona totalmente singular, el resultado de las experiencias que ha vivido.

Durante nuestra vida, los genes expresan con mayor

o menor intensidad los caracteres o las enfermedades que poseen. Su capacidad de expresión es muy variable. Algunos genes son mudos y no se expresarán nunca. Otros pueden expresarse y después volverse mudos.

Sabemos que el entorno puede modificar la expresión de ciertos genes. Es lo que se llama «epigenética». Los propios genes no se modifican, pero su capacidad de expresarse cambia: se vuelven activos o inactivos, pasando por todos los matices entre estos dos estados, gracias a «un interruptor genético». Este interruptor activa o desactiva una porción del gen correspondiente. Estos mecanismos se sitúan a nivel molecular y suelen consistir en una metilación del ADN, es decir, una adición de un grupo metilo (CH3). Numerosos factores medioambientales, como la alimentación, los productos tóxicos, pero también el entorno familiar y social, pueden modificar la expresión de los genes.

Gracias a estos descubrimientos, empezamos a comprender cómo influyen las relaciones humanas en el funcionamiento de nuestros genes y de nuestro cerebro y contribuyen a modelar lo que somos.

13. Una relación de calidad tiene efectos positivos en el cerebro

Las investigaciones de los últimos años muestran que la manera de educar a un niño, de cuidarlo, tiene un impacto directo en su cerebro. Este hecho adquiere una importancia capital, pues ahora sabemos lo que favorece al correcto desarrollo del niño y el adolescente. Ante estos nuevos conocimientos, es legítimo hacerse preguntas sobre las relaciones que vive el niño con los adultos y, en especial, sobre la relación profesor-alumno. ¿También tiene influencia sobre su cerebro? De ser así, ¿es necesario que esta relación tenga cierta duración y sea de cierta intensidad emocional para que imprima su marca?

No existen todavía estudios al respecto. Pero cabe suponer que la relación que mantiene el profesor con su alumno tiene un impacto en el cerebro del niño, dado que este pasa a menudo más tiempo con el profesor que con sus padres.

Numerosos estudios constatan, como hemos visto, que el tipo de relación que el profesor mantiene con el alumno influye en su comportamiento y sus resultados escolares. La combinación de una atención positiva y una reducción del estrés conduce a un apego seguro, que tiene un efecto sinérgico sobre el crecimiento cerebral y el aprendizaje. Estos resultados sugieren que un contexto seguro y atento optimiza la capacidad del cerebro de crecer y aprender.[1]

Veamos qué dicen las investigaciones recientes sobre la parentalidad y el desarrollo del cerebro del niño a partir de la hipótesis, una vez más, de que el profesor, con su actitud y las relaciones que desarrolla, podría tener un impacto en el cerebro de su alumno.

Las numerosas investigaciones científicas confirman que una parentalidad afectuosa, empática y de apoyo durante la infancia tiene efectos positivos en el desarrollo cognitivo, comportamental y psicológico, durante toda la vida.[2]

Cuidar, dar seguridad y consolar tienen efectos muy positivos en el cerebro del niño

El «maternaje» en el sentido amplio del término, es decir, el hecho de cuidar, dar seguridad, consolar y dar mimos, tiene efectos profundos en el cerebro del niño y, por lo tanto, en su desarrollo. El hecho de cuidar maternalmente no está reservado a las mujeres ni a los bebés. Los hombres son muy capaces de hacerlo y no hay edad para sentir la necesidad de recibir calma, consuelo o afecto.

Cada vez que el adulto comprende al niño, lo tranquiliza y lo consuela adoptando una actitud dulce y cariñosa, prodigándole gestos tiernos, hablándole con voz tranquila y tranquilizadora y con mirada comprensiva, está ayudando al cerebro a desarrollarse. Este comportamiento tiene un impacto positivo considerable en la maduración del cerebro, de sus lóbulos frontales y de sus circuitos cerebrales. De esta manera, el niño conseguirá antes gestionar sus emociones invasivas y los impulsos de su cerebro emocional arcaico.[3]

En 1989, Michael Meaney, investigador de la Universidad McGill de Montreal, Canadá, demostró que la calidad y la cantidad de cuidados maternales y el contacto tranquilizador estimulan la creación de receptores de los glucocorticoides, y disminuye así la exposición del hipocampo al cortisol. Los efectos perjudiciales del estrés se atenúan y el hipocampo está protegido. Según Meaney, el ambiente en el que crece el niño actúa directamente sobre la expresión del gen NRC31, que aumenta la inmunidad y la capacidad de enfrentarse al estrés y desarrolla las conexiones en el hipocampo que permiten aprender y memorizar mejor.[4]

||||||||||||||||||||||||||||||||||||||||||||||||||||||||||||||||||||||||||||||||||||||||||||||||

Principales efectos del «maternaje» sobre el cerebro

- Participa en la maduración global del cerebro y, en especial, en la maduración del lóbulo prefrontal y de la corteza orbitofrontal (COF).
- Participa en la maduración de los circuitos cerebrales que van de la corteza prefrontal al cerebro emocional.
- Modifica la expresión de un gen que refuerza la capacidad

de enfrentarse al estrés y densifica las conexiones del hipocampo, estructura cerebral encargada, entre otras cosas, del aprendizaje y la memoria.

- Aumenta la secreción de una proteína vital para el desarrollo del cerebro y su plasticidad: el *brain-derived neurotrophic factor* (BDNF) o factor de crecimiento neuronal. Interviene en la proliferación, la supervivencia y la diferenciación de las neuronas y de sus conexiones.
- Induce la secreción de oxitocina y favorece así la empatía, la amistad y la cooperación, disminuye la ansiedad y aporta bienestar.
- Activa el sistema parasimpático y regula así las emociones, calma, ayuda a concentrarse y a pensar.
- Aumenta el número de receptores cerebrales de los glucocorticoides, disminuyendo la concentración de cortisol en la circulación. La ansiedad, las manifestaciones de desamparo y de miedo disminuyen, a la vez que aumentan la atención, la curiosidad y el deseo de explorar.[5]

||||||||||||||||||||||||||||||||||||||||||||||||||||||||||||||||||||||||||||||||||||||||||||||||||||

Veamos algunos estudios acerca del impacto de la relación padres-hijo en el cerebro del niño.

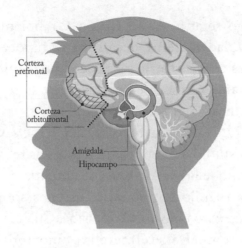

Figura 7. *El cerebro superior.*

Beneficios de la empatía

Una madre empática permite el desarrollo en el niño, desde los seis meses, de las estructuras cerebrales implicadas en las competencias socioemocionales

En 2015, Anne Rifkin-Graboi, de la Universidad de Singapur, estudió en 20 niños de seis meses la sensitividad materna y sus consecuencias sobre el volumen de las estructuras del cerebro emocional y su conectividad. La sensitividad es esa mirada positiva dirigida al niño, el respeto a su autonomía, una presencia de apoyo y no agresiva. Es la capacidad de percibir y de interpretar con precisión las señales emocionales del niño, de responder a ellas rápidamente y de manera apropiada, lo cual, en mi opinión, se corresponde con la empatía y conduce a un apego seguro. Anne Rifkin-Graboi muestra que la sensitividad materna desarrolla el hipocampo y sus conexiones con las estructuras cerebrales implicadas en el funcionamiento socioemocional y en la regulación de las emociones.

En 2017, Vaheshta Sethna, del King's College de Londres, estudió a 39 niños de tres a seis meses de edad y demostró que las variaciones de empatía de las madres respecto a su hijo tenían repercusiones sobre el desarrollo del cerebro emocional del bebé. Cuando las madres eran poco empáticas, el cerebro emocional del bebé presentaba menos sustancia gris.

La sustancia gris se desarrolla más en los niños que tuvieron unos padres empáticos durante la primera infancia

En 2015, Rianne Kok, de la Universidad de Leiden, en los Países Bajos, realizó un estudio en 191 familias y sus hijos de seis semanas a ocho años. La investigadora constató que la sensitividad de los padres durante la primera infancia conllevaba un impacto en la estructura cerebral del niño: un aumento de la sustancia gris —que corresponde al cuerpo celular de las neuronas y a las sinapsis— y un desarrollo óptimo del cerebro. Este estudio es especialmente importante porque incluye al padre. Los resultados muestran que la calidad de la relación es el factor más importante para el desarrollo del cerebro y que en ello el padre es tan importante como la madre.

Una parentalidad positiva protege la sustancia blanca del cerebro de los niños muy reactivos al estrés

Sabemos que la parentalidad tiene un efecto en el estrés de los hijos y que si es positiva (padres empáticos, cariñosos, que apoyan) disminuye el estrés de los niños y, en consecuencia, la concentración de cortisol. Sin embargo ¿cuál es el efecto de una parentalidad positiva en la sustancia blanca de los niños que presentan una fuerte reactividad al estrés?

Eso fue lo que se planteó Haroon Sheikh, investigador del Carver College of Medicine de la Universidad de Iowa. En 2014, estudió el efecto de una parentalidad positiva sobre el cerebro de niños muy reactivos al estrés. Examinó las relaciones entre la actitud paternal, la sustancia blanca y la concentración de cortisol salival en 45 niñas de tres a seis años. La sustancia blanca contiene las fibras nerviosas, también llamadas axones, y debe su nombre a la mielina de color claro que forma un manguito de grasa alrededor de los axones. Esta vaina aísla los axones unos de otros y permite aumentar la velocidad de propagación del influjo nervioso a lo largo de las fibras nerviosas.

Los resultados del estudio de Sheikh muestran que las relaciones con los padres tienen un claro impacto en el cerebro de sus hijos: una parentalidad positiva preserva la integralidad de la sustancia blanca en los niños con fuerte reactividad al estrés. El investigador constata que la parentalidad actúa sobre las regiones cerebrales que regulan el estrés. Cuando los padres son benevolentes y cariñosos, su actitud, incluso en caso de estrés importante, preserva la sustancia blanca de estas regiones. Así pues, una actitud positiva en la primera infancia elimina el efecto negativo de una concentración de cortisol elevada en la sustancia blanca del cerebro de los niños.

Beneficios del apoyo y el ánimo

Cuando la madre apoya y anima a su hijo durante la primera infancia, el hipocampo de este aumenta de volumen

En 2012, un estudio realizado por Joan Luby con 92 niños mostró la relación entre una actitud de apoyo en la primera infancia y el aumento del volumen del hipocampo entre los siete y los trece años. La actitud maternal conduce al niño a memorizar mejor y a aprender mejor.[6]

El impacto del apoyo maternal en el volumen del hipocampo es aún más importante en la edad preescolar

En 2016, Joan Luby estudió de nuevo el impacto del apoyo de la madre en el hipocampo de su hijo. Este estudio, realizado con 127 niños desde los tres años hasta el inicio de la adolescencia, demuestra que, cuando el apoyo materno tiene lugar durante la primera infancia, el volumen del hipocampo aumenta más deprisa y de manera más marcada que si se produce más tarde. Una actitud de apoyo intenso durante la primera infancia multiplica por dos el volumen del hipocampo. Asimismo señala que este efecto persiste hasta el inicio de la adolescencia.

Este estudio, de suma importancia, confirma que es esencial apoyar al niño durante la primera infancia, entre los tres y los seis años, período durante el cual el cerebro es extremadamente plástico. Este aumento del volumen del hipocampo se asocia con una mejora de la memoria y del aprendizaje, pero también con una mejor regulación de las emociones, tanto en el niño pequeño como en el adolescente de trece años.

¿A qué llamamos «apoyo maternal»? En esta investigación se definió como la mirada positiva que las madres dirigen a su hijo. Conscientes de su desarrollo emocional, le aportan bienestar emocional. Son capaces de favorecer su autonomía, de incentivarlo y de aprobar su actuación cuando busca soluciones para resolver sus dificultades. Las madres que apoyan saben transmitir emociones positivas, mantener la calma y tranquilizar a su hijo cuando tiene reacciones emocionales en tareas un poco estresantes. Lo animan verbalmente y dirigen una mirada positiva a lo que realiza.

El ánimo de los padres aumenta el volumen de la sustancia gris de la ínsula posterior

En 2016, Izumi Matsudaira, de la Universidad de Tohoku, Japón, estudió los efectos que tienen los ánimos de los padres sobre la estructura cerebral de sus hijos en 116 niños y 109 niñas con una media de edad de diez años. Se demostró que los ánimos de los padres aumentan el volumen de la sustancia gris de la ínsula posterior. Esta estructura cerebral desempeña un papel fundamental en la capacidad de empatía y en la regulación de las emociones.

Es interesante señalar que la ínsula posterior está conectada a la corteza auditiva y tiene una función auditiva. La voz humana la activa, lo cual no ocurre con una voz artificial, nueva prueba de que la proximidad física y afectiva es tranquilizadora y «activadora». Por último, la investigadora japonesa constató que los niños que recibían ánimos eran más conscientes de sí mismos y de los demás, y se abrían con mayor facilidad a nuevas experiencias.

Beneficios de los actos afectuosos

El tacto es un poderoso medio para comunicar emociones; contribuye a la formación de vínculos sociales. En 2016, Jens Brauer, del Instituto Max-Planck de Leipzig, demostró que una madre que tiene un tacto afectivo, suave y respetuoso desarrolla el cerebro social de su hijo. El término de «cerebro social» describe las redes neuronales que nos ponen en relación con los demás. Nos permite expresar nuestro interés por los demás, nuestra sensibilidad ante sus emociones, sus pensamientos y sus intenciones.

El caso de los adolescentes

Una parentalidad positiva actúa favorablemente sobre el cerebro de los adolescentes

En 2014, Sarah Whittle, de la Universidad de Melbourne, Australia, estudió el cerebro de 188 adolescentes y descubrió que el comportamiento positivo de la madre durante los conflictos con su hijo adolescente se asociaba con un mejor desarrollo del cerebro de este.

Los ánimos y las críticas tienen efectos sobre el cerebro

En 2016, Robin Aupperle, de la Universidad de Tulsa, Estados Unidos, estudió los efectos de las críticas y los ánimos maternos sobre el cerebro de adolescentes consideradas de alto riesgo de desviación, y demostró que existe una relación entre los síntomas de ansiedad y depresión de estas adolescentes y sus respuestas cerebrales a los diferentes comentarios maternos. En caso de reprimendas maternas, estas adolescentes manifestaban reacciones emocionales muy fuertes y se constató una disfunción cerebral: la amígdala se activaba intensamente, lo que reflejaba un estrés muy acusado, mientras que la corteza prefrontal disminuía su actividad y no calmaba a la amígdala. A la inversa, en caso de felicitaciones, la amígdala ralentizaba su actividad.

La calidad de las interacciones influye en el desarrollo de las funciones ejecutivas del niño

En numerosos trastornos del desarrollo, en los que existe un componente genético, biológico, pero también medioambiental, se observan malas funciones ejecutivas (déficit de atención, autismo, depresión, etc.). Una parentalidad positiva modera las dificultades en los niños que presentan una vulnerabilidad biológica.[7] Lo mismo ocurre en los niños de medios desfavorecidos, en los que una parentalidad empática y de apoyo favorece unas buenas funciones ejecutivas.[8]

En 2015, Nicole Lucassen, de la Universidad de Rotterdam, en los Países Bajos, estudió a 607 familias y se interesó por la educación dada por el padre y la madre. Lucassen analizó las consecuencias sobre las funciones ejecutivas tanto de una parentalidad punitiva como de una atenta a las necesidades del niño de corta edad, a los cuatro años. Recordó en primer lugar que la parentalidad influye en el desarrollo de la corteza prefrontal y que los niños cuyos padres escuchan sus necesidades tienen un mejor desarrollo cognitivo, comportamental y socioemocional.[9] Al final de su estudio, constató que una parentalidad positiva participa en el correcto desarrollo de las funciones cognitivas y que, al contrario, una madre poco empática y un padre severo contrarrestan el buen desarrollo de las funciones ejecutivas, excepto la flexibilidad, que se mantiene intacta.

Stéphanie Duval, investigadora de la Universidad de Quebec, Chicoutimi, estudió, en 2016, a 118 niños de cinco años en clase de preescolar y demostró que el apoyo emocional que permite una calidad de relaciones en el seno de la clase se correlaciona con el desarrollo de las funciones ejecutivas a esta edad.

|||||||||||||||||||||||||||||||||||||||||||||||||||||||||||||||||||||||||||||||||||||||||||||||||||

Las funciones ejecutivas

Las funciones ejecutivas son capacidades intelectuales fundamentales destinadas a la organización y la planificación de las tareas, al control inhibitorio, a la flexibilidad cognitiva y a la memoria de trabajo.

Nos permiten iniciar, organizar y planificar las tareas, tomar decisiones adecuadas y evaluar nuestras acciones. Nos dan la capacidad de controlar nuestras emociones, concentrarnos e inhibir las distracciones. Nos permiten tener cierta flexibilidad de acción y de comportamiento, adaptarnos a los cambios, detectar nuestros errores, corregirlos y mostrarnos creativos. Gracias a ellas podemos guardar información en la memoria durante un tiempo corto. Un correcto desarrollo de las funciones ejecutivas predice un buen funcionamiento social y escolar.

Estas funciones ejecutivas empiezan a desarrollarse en los cinco primeros años de la vida, paralelamente al desarrollo de la corteza prefrontal, y continúan su maduración durante la adolescencia. Para tener buenas funciones ejecutivas es necesario que la corteza prefrontal funcione bien, pero también que las conexiones de la sustancia blanca entre esta región y las otras regiones del cerebro, como el cuerpo calloso, sean de calidad.

|||||||||||||||||||||||||||||||||||||||||||||||||||||||||||||||||||||||||||||||||||||||||||||||||||

Estos estudios nos permiten medir cómo afecta la actitud de los padres en el cerebro de sus hijos (niños y adolescentes) y, de esta manera, una vez más, emitir la hipótesis de que los demás adultos que se ocupan de los niños y los adolescentes también tienen una influencia sobre su cerebro.

14. El estrés dificulta el desarrollo del niño

Después de haber visto las condiciones para el desarrollo óptimo del niño y el adolescente, abordaremos ahora lo que puede dificultar su evolución. Sabemos que el estrés, cuando es intenso o repetido, constituye un freno para la maduración del cerebro y, por lo tanto, para el desarrollo del niño.

Pequeño recordatorio

El término «estrés» fue popularizado en la década de 1930 por el psicólogo austrocanadiense Hans Selye. Fisiológicamente, designa una reacción del organismo cuando este se enfrenta a un estresor: peligro, dolor, emociones negativas, contrariedad y otros muchos tormentos físicos o psicológicos. Esta reacción desencadena una tensión física, química y psicológica.

El estrés es una reacción fisiológica normal y útil...

En ciertas situaciones el estrés es vital. Su herencia nos aseguró la supervivencia en la época lejana en que vivíamos en Cro-Magnon: cuando uno de nuestros antepasados se sentía bajo la amenaza de un depredador, o lo atacaba, o huía o se quedaba petrificado. Es lo que los investigadores anglosajones llaman las «3 F»: *fight, flight or freeze*, es decir, lucha, huida o inmovilización, literalmente «congelado». Pero, para que nuestro hombre de las cavernas saliera adelante, era preferible que sus músculos estuvieran repletos de sangre, tensos por la acción y bien provistos de oxígeno. De ahí el aumento del tono muscular, la presión arterial y la frecuencia respiratoria, la estimulación del sistema nervioso simpático, etc., modificaciones de su organismo que volveremos a tratar en la página 233.

... que puede volverse tóxica

Hoy, los niños y los adultos rara vez sienten la amenaza de los tigres dientes de sable y ya no tienen que cazar para sobrevivir. Sin embargo, las condiciones de la vida moderna nos conducen a reaccionar con la misma intensidad que en la prehistoria. ¿Por qué? Porque nuestro cerebro es el mismo. Aquí es donde surgen los problemas, ya que a menudo nos enfrentamos a estresores psicológicos (como el maltrato emocional que veremos más adelante) ante los que nuestras respuestas —lucha, huida o inmovilización— pueden ser inadecuadas, lo que genera frustración y sentimientos de impotencia. Por otra parte, cuando el estrés es crónico o excesivo se vuelve peligroso y puede degenerar en enfermedades físicas y psíquicas.

Causas del estrés durante la infancia y la adolescencia

En clase los profesores se encuentran con niños víctimas de un estrés que tiene su raíz en el exterior de la escuela —debido a condiciones socioeconómicas precarias, dificultades familiares o maltrato— o en la propia escuela: el estrés procede entonces de la institución, los profesores o los alumnos.

Las condiciones socioeconómicas difíciles

Muchos estudios actuales señalan que los niños que crecen en condiciones socioeconómicas difíciles, precarias o que viven situaciones de pobreza, guerra o inmigración están expuestos a un estrés intenso que repercute en su desarrollo cognitivo.[1]

En 2012, Judi Mesman, de la Universidad de Leiden, Países Bajos, efectuó una revisión de las publicaciones científicas sobre la empatía de los padres en las familias procedentes de minorías étnicas. Demostró que las dificultades socioeconómicas representaban para los padres un estrés de alto grado que a menudo los conducía a ser menos empáticos con sus hijos, lo cual repercutía negativamente en estos. Por el contrario, las intervenciones que favorecían el bienestar de estos niños disminuían el estrés familiar y aumentaban las capacidades de empatía de los padres.

Las dificultades familiares

Las dificultades frecuentes y bien conocidas que afectan a las familias (monoparentalidad, separaciones, violencia conyugal) también pueden constituir una gran fuente de estrés para el niño.

El maltrato

Son muchos los niños que viven humillaciones verbales o físicas en el entorno familiar o en la escuela. Por fortuna, en Francia el maltrato físico en la escuela es raro, pero todavía existe a menudo en los patios de recreo.

El maltrato conlleva un estrés muy perjudicial, que puede provocar en el niño numerosos trastornos del comportamiento (agresividad, ansiedad, depresión) e incluso enfermedades psiquiátricas[2] que repercutirán en el clima general de la clase y que pueden conducir también a dificultades cognitivas que alteren el aprendizaje.

El maltrato infantil sigue siendo tabú

Hablar de maltrato infantil molesta intensamente a los adultos. Esta realidad es poco conocida y sigue siendo tabú.

Hace ya unos años que, afortunadamente, la violencia sufrida por las mujeres ha salido a la luz y se han tomado muchas decisiones para intentar remediarla. Lo mismo ha ocurrido con la violencia que padecen los animales, lo cual representa un progreso. En cambio, parece que es mucho más difícil abrir los ojos ante lo que sufren los niños. Pocas personas saben que la violencia hacia los menores es mucho más frecuente que hacia las mujeres. Según un informe del Inserm, en Francia, mueren dos niños cada día por maltrato en su entorno familiar (familia o canguro).[3] Por lo tanto, es imperativo tomar conciencia del alto número de víctimas de maltrato infantil que escapan a la muerte pero que, sin embargo, sufren graves secuelas físicas, comportamentales y cognitivas. Estos niños están escolarizados y siguen un recorrido escolar con grandes dificultades.

Debería existir una auténtica política de prevención y de apoyo de todos los adultos que se ocupan de niños.

El maltrato va de la violencia educativa ordinaria al maltrato que puede conducir a la muerte del niño. Incluye el maltrato físico, sexual, emocional y la negligencia, los cuales tienen efectos muy perjudiciales en el cerebro del niño y en su desarrollo psicoafectivo.

Los términos «violencia física y sexual y «negligencia» son claros y, en mi opinión no es necesario explicitarlos. Pero sí me detendré en la violencia educativa ordinaria y el maltrato emocional.

La violencia educativa ordinaria

La violencia educativa ordinaria (VEO) es una violencia física o psicológica ejercida por el adulto con el objetivo de educar al niño. Se califica de «educativa» porque forma parte de la educación en casa y en todos los lugares donde el niño hace vida, por lo tanto, en la escuela. Se llama «ordinaria» porque suele ser diaria, se la considera banal, normal, es tolerada y, a veces, incluso estimulada por la comunidad.

Olivier Maurel, exprofesor de letras, cofundador en Francia del Observatorio de la Violencia Educativa Ordinaria y autor de numerosos libros, entre ellos uno que señala el desconocimiento del tema, titulado *La violence éducative: un trou noir dans les sciences humaines*,[4] ha estudiado esta violencia.

La VEO es muy frecuente, afecta a todas las culturas y a todos los países; la practican el 85-95 % de los adultos.[5]

Muchos adultos consideran que no puede haber una buena educación sin coerción y castigo. Para educar al niño, hay que domarlo, hacerlo sufrir física y psicológicamente, despertar en él el temor y la sumisión. La relación educativa sigue basándose en unas relaciones de poder y de dominación que a menudo conllevan sufrimientos físicos y morales. El castigo se utiliza con frecuencia para que el niño «vaya por el buen camino», con imaginación y perversidad, y a veces guiados solo por la moral.[6]

La frontera entre el maltrato y la VEO a veces no está clara, y ello porque, con el pretexto de la educación, la violencia puede ser muy grave…

La violencia física se practica a diario en las escuelas de numerosos países. Empieza con prácticas como pellizcar el lóbulo de la oreja, tirar del pelo, empujar, tirar del brazo, abofetear o dar nalgadas. Continúa con los golpes de correa, de cinturón y llega hasta auténticas torturas, siempre con el fin de que el niño trabaje bien o mejor o que se porte bien. Los estudios, muy numerosos, muestran claramente sus efectos devastadores sobre el cerebro, la salud física y psicológica, y sobre el desarrollo intelectual de los niños que la sufren.[7]

En 2016, Tobias Hecker, de la Universidad de Bielefeld, Alemania, estudió a 409 niños tanzanos con una media de edad de diez años que estaban sometidos a una disciplina muy dura en la escuela. Los golpeaban, los azotaban, los insultaban, los humillaban verbalmente y los amenazaban con el abandono. Hecker constató que estos niños desarrollaban numerosos trastornos de comportamiento internos, como manifestaciones ansiosas y depresivas, así como una disminución de la capacidad cognitiva y del rendimiento escolar.

El maltrato emocional

El maltrato emocional es muy frecuente en la escuela

No todos los niños sufren correcciones físicas, pero son muchos los que reciben palabras de menosprecio por parte de padres, profesores u otros niños. Las palabras degradantes y despreciativas son consideradas como «anodinas» por los adultos que las pronuncian. Suelen pensar que ayudarán al niño: «Se lo digo por su bien, ¿sabe?, tiene que darse cuenta de lo que hace y controlarse».

Los investigadores que han estudiado las consecuencias del maltrato emocional en el cerebro del niño afirman que constituye un estrés de alto grado que conduce a perturbaciones en el desarrollo cerebral.

¿Qué es el maltrato emocional?

Se define como:

- Cualquier comportamiento o palabra que rebaje al niño, lo ridiculice, lo critique, lo castigue, le produzca un sentimiento de humillación o de vergüenza.
- Todo lo que le da miedo o lo atemoriza.

Maltratar a un niño emocionalmente también es:

- Ignorarlo o no responder a sus necesidades de afecto, cuidados y protección.
- Rechazarlo.
- Aislarlo, privarlo de libertad o de interacciones sociales.
- Desatender los cuidados que deben dársele y sus necesidades educativas.
- Permitir que asista a violencias conyugales.[8]

¿Por qué se cree que la humillación, los castigos y las privaciones pueden hacer progresar al niño?

Durante los siglos pasados, los adultos educaban según los conocimientos y los condicionamientos de su época, y los castigos formaban parte integrante de la «buena educación». No existían investigaciones científicas sobre este tema.

En la actualidad, en el siglo XXI, nuestros conocimientos en la materia han avanzado mucho. Numerosos investigadores dedican su vida a comprender lo que favorece o dificulta el desarrollo del niño. Estos estudios arrojan luz sobre cómo habría que educar a los niños e incitan a cambiar la manera de entender la «buena educación». Podemos hacerlo de otro modo y mucho mejor.

La mayoría de los adultos, padres o profesionales de la infancia, a menudo reproducen la educación que ellos mismos recibieron. Ni quieren ni pueden ponerla en duda. Recordar la propia infancia, criticar a los padres y a los profesores, puede ser muy doloroso. Estos adultos aman a los niños y piensan con toda su buena fe que se trata de «la educación correcta» y que no existen otros medios para que el niño se convierta en «una persona de bien». Para ellos, la educación es, en primer lugar, disciplina, obediencia, «ir por el buen camino». Piensan que el castigo enseña a comportarse «bien» y que, bajo la presión, el niño progresará y llegará a ser plenamente humano.

Pero ocurre lo contrario. En este contexto violento, el niño aprende que las relaciones humanas son relaciones de fuerza, de humillación, de dominación y, muy deprisa, actuará de la misma manera. ¿Es esto lo que le queremos transmitir? La cólera que nace contra la persona que utiliza estas relaciones rompe la confianza, el respeto. Se instala la desconfianza y el vínculo se afloja. El niño no para de pensar en ello y no avanza, al contrario, pierde confianza en sí mismo y se infravalora. Le han dicho que no era bueno o que lo que hacía no estaba bien, y se siente «malo, malvado, no bueno». Si obedece, será para escapar del castigo.

En ese momento, el adulto lo verá obedecer y se sentirá satisfecho. Pero el niño aprenderá a vivir en un ambiente de temor y sumisión y alimentará un resentimiento creciente contra el adulto. No comprenderá por qué comportarse de una u otra manera es beneficioso para él y para los demás. No aprenderá a identificar sus emociones, a conocerse. No sentirá ni comprenderá que, cuando se saben resolver los conflictos pacíficamente, vivir juntos puede ser motivo de una gran felicidad.

La desvalorización y la humillación

«Eres un inútil»; «¡Qué torpe! Nunca llegarás a nada, escribes muy mal»; «Este ejercicio es una auténtica basura»; «Este trabajo es malísimo»; «¿Lo haces a propósito?»; «Es lamentable»; «Ya no sé qué hacer contigo»; «Está claro que no entiendes nada de las matemáticas»; «¿Este dibujo qué es?»; «¡Podría ser cualquier cosa!»; «¡Qué duro de mollera eres!»; «¿Cuántas veces tengo que repetirlo para que lo entiendas?»; «Mira a Tal, él al menos trabaja bien, lo pilla enseguida»; «No se te queda nada en la cabeza. ¡Eres como un colador!»; «Pero ¿qué pretendes? ¿Quieres que te castigue y te riña?»; «¡Si continúas así, te expulsarán y ningún colegio te querrá!»… Muchos padres y profesores, abrumados por la cólera o la fatiga, dejan escapar palabras que hieren.

> Victor, de cuatro años, está en segundo año de preescolar. El profesor dice alto y claro en plena clase: «Victor, eres un auténtico desastre, ni siquiera eres capaz de hacer un monigote correctamente».

Rosa, de cinco años, regresa llorando de la escuela: «¡Mamá, la profesora me ha roto el dibujo, ha dicho que no estaba bien y lo ha tirado a la basura! Me ha dicho: "¿Te imaginas este dibujo en grande en una pared?". Y se ha puesto a reír».

Rémi tiene siete años y la profesora le ha dicho delante de los demás niños: «Rémi, estás en una burbuja todo el rato, no escuchas, no quieres aprender, no haces ningún esfuerzo». Rémi se encoge en su sillita y se encierra todavía más en su burbuja.

«La maestra se ha enfadado conmigo, me ha castigado porque no he hecho bien el ejercicio. Tengo que copiar la lección dos veces», me dice Mathieu, de nueve años.

Alexandre, de ocho años, tiene dificultades para escribir. «Eres un holgazán, un perezoso. No quieres escribir, lo haces a propósito. Yo castigo a los niños que no hacen nada», dice la profesora. Alexandre está castigado sin recreo.

Jade, de trece años, regresa llorando de la escuela: «El profesor me ha dicho que soy una inútil y que no hago nada bien. ¡No quiero ir más a la escuela, no sirve para nada!».

Los niños desvalorizados por su profesor se convierten en el hazmerreír de sus compañeros. Pierden confianza en sí mismos, se aíslan, sufren y no quieren volver a la escuela.

¿Acaso ser humillados, desvalorizados o castigados los ayuda? ¡Desde luego que no, muy al contrario!

Estigmatizar las dificultades y los errores es nefasto. El error forma parte del aprendizaje. Es una herramienta para recuperarnos, para avanzar. El niño solo necesita comprender por qué se ha equivocado y recibir apoyo, acompañamiento, del profesor.

«Veo que esto no lo has comprendido. ¿Quieres que te ayude?» Myriam sonríe y, tímidamente, responde: «Sí, necesito que me ayudes».

Las amenazas

La educación a través del miedo y la amenaza deja huellas subterráneas, dañinas, que continúan actuando en la edad adulta. «Atención, niños, quiero silencio absoluto. No quiero oír ni una mosca»; «¡El que no me obedezca tendrá que vérselas conmigo!»; «¡Si continuáis siendo insoportables, tendréis deberes suplementarios!»; «Si sigues sacando malas notas, te quitaré la tableta».

Las amenazas, igual que los castigos, son relaciones de fuerza, una presión ejercida sobre el otro. El adulto quiere que el niño actúe como él cree que debe hacerlo. Una vez más, el niño generalmente obedecerá, pero solo para evitar el castigo contenido en la amenaza, sin otra reflexión. Ahora bien, cada uno de nosotros, tanto adultos como niños, queremos actuar porque hemos elegido una u otra opción y no porque nos obliguen a ello. Algunas amenazas actúan como predicciones de mal augurio, profecías autorrealizadoras, y quedarán fijadas en la memoria del niño: «Si continúas sacando malas notas, acabarás en la calle, no encontrarás nunca trabajo y estarás en el paro». El adulto teme por el futuro de su hijo y le transmite su angustia. No se da cuenta de que sus palabras tienen efectos perjudiciales. En lugar de darle un impulso de energía para que encuentre interés en sus tareas, sus palabras le provocan miedo, lo estresan. Al no contar con el apoyo de los adultos, pierde su autoestima. Se desanima, se siente «inútil» y aún se esfuerza menos. Ha oído durante toda la infancia cosas como «¡No lo conseguirás!», y una vez adulto no tendrá la confianza necesaria para hacerse valer en la entrevista para un empleo o para buscar activamente trabajo.

Las notas y la competición

Las malas notas provocan un estrés que no ayuda al niño a progresar. El niño que saca malas notas se siente inútil y humillado. A fuerza de sentirse rebajado, estresado, desanimado, en situación de fracaso, acaba por perder las ganas de aprender y no quiere ir más a clase.

Por otra parte, las notas dan lugar a conflictos y rivalidades en clase y no favorecen el trabajo en equipo, la cooperación.

Muriel, de quince años, sabe que es una «inútil». Es la última de la clase: Cada vez que el profesor devuelve los deberes y lee los nombres y las notas, pasa por un auténtico suplicio. No se acostumbra a

esta humillación pública y cada vez se siente más
inútil, ya no se atreve a hablar con sus compañeros
de clase, siente que no sirve para nada.

La conminación de tener éxito a toda costa, de ser el mejor, es una fuente de estrés considerable. El estrés de los alumnos a menudo se debe a la presión que ejercen los padres o los profesores, que les piden que saquen buenas notas, que sean los mejores. Los niños oyen: «¿Por qué no eres el primero?»; «Quiero que seas el primero de la clase». Leen en su cartilla: «Puede hacerlo mejor». Y se agotan intentando responder a las exigencias de los adultos.

Algunos padres, angustiados —legítimamente— ante la idea de que su hijo (niño o adolescente) no salga adelante en la escuela y más tarde se encuentre en el paro, exigen a toda costa buenos resultados escolares, aunque tengan que infligir castigos físicos, humillaciones y privaciones. Cuando la relación se basa en los resultados escolares, el niño o el adolescente siente que solo existe para las notas, lo cual puede dar lugar a conflictos importantes, a trastornos del comportamiento y a intentos de suicidio.

Las exclusiones

La exclusión se vive como un acto de una gran violencia. Durante la prehistoria, la supervivencia del ser humano dependía de su pertenencia al grupo. La exclusión equivalía a una sentencia de muerte, como ocurre en nuestros días con los mamíferos recién nacidos. El deseo de conexión, de pertenencia a un grupo es una necesidad humana primaria, fundamental, una garantía de supervivencia.[9]

Por este motivo el miedo a ser rechazado constituye una de las principales fuentes de angustia y de sufrimiento en el ser humano. El rechazo social se vive tan intensamente como un dolor físico. Según Naomi Eisenberger, profesora de psicología en la Universidad de Los Ángeles, la corteza cingulada anterior (CCA) registra el rechazo social en la misma área que el sufrimiento físico. Esta estructura cerebral es la sede del dolor físico y del sufrimiento debido al rechazo social del que somos objeto, pero también cuando concierne al prójimo. Los alumnos sufren cuando los profesores u otros alumnos los excluyen a ellos, pero también cuando ven que rechazan a otros.

En 2003, Louise Hawkley, investigadora de la Universidad de Chicago, señaló que la sensación de pertenencia social depende menos de la frecuencia de los contactos o del número de relaciones que de la sensación de ser aceptado por un pequeño número de personas consideradas importantes para nosotros.

Para muchos alumnos, el profesor es alguien importante, un modelo admirado y que puede tener una influencia muy grande. Cuando este profesor admirado aparta al alumno, lo excluye, lo expulsa, el dolor es aún más grande.

El acoso es un estrés importante

Aprendizaje y transmisión de la violencia

Esta violencia no se contenta con alterar el cerebro de los niños y con producir trastornos del comportamiento: se transmite. El niño que recibe violencia aprende a ser violento desde su más tierna infancia. Uno de los efectos nocivos de esta violencia banalizada es su aprendizaje y su transmisión de generación en generación. El niño imita al adulto, que para él es un modelo, sea cual sea su comportamiento. Violentar al niño es enseñarle a ser violento, a resolver los conflictos por la fuerza. Es la primera relación de poder que sufre el ser humano, la relación del fuerte con el débil, que aplicará él mismo en su vida: el niño violentado golpeará a su hermano pequeño o a su hermana pequeña y atacará a los más pequeños o a los más débiles en el patio del recreo. Una vez adulto, será violento con su entorno, su pareja y sus hijos.[10]

||||||||||||||||||||||||||||||||||||||||||||||||||||||||||||||||||||||||||||||||||||||||||||||

Los adultos que humillan verbal o físicamente a los niños son poderosos modelos negativos

Los niños golpeados, humillados, juegan a reproducir lo que viven. A veces, en sus juegos, «juegan» a ser el adulto perseguidor; otras veces, asumen el papel de víctima, posición que tienen la costumbre de sufrir.

Estos «juegos» empiezan muy pronto, desde la más tierna edad, son visibles desde la guardería y las clases de preescolar, y son cotidianos en los patios de recreo.

A la inversa, los que no están sometidos a una disciplina autoritaria no tienen tendencia a jugar agresivamente con los demás.

Se trata de una cadena de violencia que se mantiene y se transmite debido a las costumbres de una violencia educativa banalizada y que es preciso interrumpir.

|||||||||||||||||||||||||||||||||||||||||||||||||||||||||||||||||||||||||||||||||||||||||||

Las burlas sobre la apariencia física, la ropa, el peso, los resultados escolares, los insultos, los empujones, las zancadillas, las peleas, los robos, los rechazos..., todas estas humillaciones entre alumnos se convierten en acoso cuando se repiten y se dirigen siempre al mismo niño. Pero no olvidemos que el acoso puede proceder también de un profesor.

Ser acosado o acosador es un signo de sufrimiento

El comportamiento de muchos niños acosadores es una petición de ayuda: es una expresión de miedo, de cólera, de sufrimiento que vuelcan sobre el otro y que no son capaces de expresar con palabras.

Los niños acosados también sufren: no saben cómo reaccionar ante la agresividad. Con frecuencia, permanecen pasivos y, a veces, se culpabilizan. Pueden presentar problemas emocionales y de comportamiento muy graves, sobre todo si el acoso es grave o crónico: depresión, ansiedad, emociones atenuadas, problemas de sueño y suicidio.

Identificar y prevenir el acoso es fundamental cuando se conocen las repercusiones sobre el niño, su cerebro, su cuerpo, su salud física y mental. Ser acosado o acosador predice dificultades psicosociales y físicas que pueden durar toda la vida.

El desarrollo de las competencias socioemocionales es la mejor barrera contra el acoso

Como ya hemos visto, la mejor barrera contra el acoso es el desarrollo de las competencias socioemocionales en talleres en los que cada uno pueda afirmarse al mismo tiempo que es capaz de resolver las dificultades sin agresividad.

La investigación muestra que las escuelas que privilegian una disciplina positiva, la implicación de los padres y el éxito escolar presentan menos casos de acoso. Si el equipo docente y los padres son conscientes del problema, si una vez detectado intervienen de inmediato, los alumnos vulnerables ya no se sentirán diferentes o alienados y podrán integrarse en la cultura del grupo de la escuela. Responder inmediatamente al acoso es de gran utilidad.

Los mejores programas de prevención incluyen a toda la comunidad educativa: profesores, alumnos, padres, personal administrativo y cuadros directivos. La existencia de un grupo al que dirigirse en el seno de la escuela en caso de acoso, que incluya a padres, profesores y alumnos, es un gran apoyo.[11]

Movilizar a todos los alumnos frente al acoso

Cuando se intenta inhibir comportamientos primitivos como la violencia o la dominación, es necesario activar la corteza prefrontal para construir nuevos circuitos.

Las intervenciones que tienen éxito se basan en programas con líneas directrices claras y reglas que deben aplicarse antes, durante y después de los incidentes. En este sentido, resulta útil explicar con claridad a los alumnos lo que se espera de ellos. Las reglas deben discutirse y después exponerse en público, así como las consecuencias de no respetarlas. Por ejemplo, no basta con decir que acosar está prohibido. Los alumnos deben saber lo que se espera de ellos, es decir, que deben ser activos y no pasivos ante el acoso: ayudar a los alumnos que son acosados, reflexionar sobre la manera de incluir a un alumno que está aislado y aumentar la vigilancia en los lugares fuera de la escuela.

|||||||||||||||||||||||||||||||||||||||||||||||||||||||||||||||||||||||||||||||||||||||||

El estrés en clase puede conducir al abandono de los estudios

Los ambientes estresantes disminuyen la capacidad cognitiva. Algo tan importante debe tenerse en cuenta en cualquier enseñanza. Es un círculo vicioso: cuando un niño tiene miedo, aprende mal, saca malas notas y se encuentra en situación de fracaso. En este caso, se siente inútil, humillado y no quiere volver a la escuela. Los métodos de enseñanza que destierran el miedo y el estrés son mucho más agradables y satisfactorios para el profesor y además permiten a los alumnos y a los estudiantes aprender mejor, memorizar mejor y ser más creativos.

||||||||||||||||||||||||||||||||||||||||||||||||||||||||||||||||||||||||||||||||||||||||

En conclusión, en la clase el estrés puede estar presente en muchas situaciones: el miedo al fracaso, a la mirada de los demás, el temor a no ser competente o a parecer inútil ante el profesor, las comparaciones, la competitividad, las humillaciones sufridas por parte del profesor o de los compañeros de clase...

15. El cerebro del niño y del adolescente frente al estrés

Dos sistemas regulan nuestra respuesta al estrés

Cuando nos enfrentamos a una situación de estrés, tenemos reacciones de miedo, de ansiedad, de manera que la amígdala cerebral se activa. La amígdala alerta al hipotálamo, que desencadena la secreción de las moléculas de estrés por dos sistemas diferentes, el sistema neuroendocrino y el sistema nervioso vegetativo (SNV), que tienen el objetivo de ayudar al organismo a protegerse o a adaptarse ante las amenazas representadas por el estrés.

- El sistema neuroendocrino reacciona más tarde y produce la secreción de cortisol.
- El sistema nervioso vegetativo responde de inmediato y libera adrenalina y noradrenalina, también llamadas «catecolaminas».

Estas moléculas se segregan en las glándulas suprarrenales, situadas encima de los riñones y divididas en dos estructuras fisiológicamente diferentes. La corteza suprarrenal segrega glucocorticoides (cortisol), mineralocorticoides, que regulan el equilibrio hidrosalino, y andrógenos (sobre todo testosterona). La médula suprarrenal segrega catecolaminas: adrenalina y noradrenalina.

El sistema neuroendocrino y el sistema nervioso vegetativo son esenciales para nuestra vida afectiva y social. Tienen conexiones bidireccionales con la corteza prefrontal, que a su vez modula la actividad del eje HH, el SNV y la amígdala.

El sistema neuroendocrino: el eje hipotálamo-hipofisario (HH)

Este eje neuroendocrino comprende tres estructuras que producen reacciones hormonales en cascada: el hipotálamo, la hipófisis y las glándulas suprarrenales.

Durante la exposición al estrés, la amígdala cerebral alerta al hipotálamo, que segrega la hormona liberadora de corticotropina (CRH). Esta actúa sobre la hipófisis, que a su vez libera corticotropina (ACTH), que se dirige a las glándulas suprarrenales en la corteza suprarrenal, que a su vez segrega cortisol.

El sistema neuroendocrino, que tiene numerosos efectos en el cerebro y en todo el organismo, desempeña un papel muy importante en el control del estrés. Los efectos del cortisol son múltiples, actúa sobre la piel, sobre el sistema inmunitario, cardíaco, renal, sobre el esqueleto, sobre la red sanguínea, sobre los fenómenos inflamatorios y también sobre el ritmo día-noche. Durante una situación de estrés, el cortisol en cantidad moderada es beneficioso. Nos ayuda a calmarnos aumentando la concentración de glucosa en la sangre.

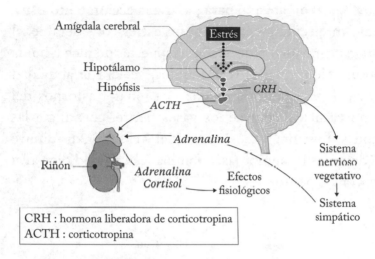

Figura 8. *Estrés y amígdala cerebral.*

El sistema nervioso vegetativo o sistema autónomo

El sistema nervioso vegetativo (SNV) también recibe el nombre de sistema nervioso autónomo. Las vías nerviosas se distribuyen a todo el organismo y se subdividen en dos sistemas:

- El sistema nervioso simpático
- El sistema nervioso parasimpático

El SNV depende principalmente del hipotálamo y funciona de manera inconsciente, automática.

El sistema nervioso simpático es un activador, nos prepara para la acción. Este sistema estimula la médula suprarrenal, que segrega adrenalina y noradrenalina. Moviliza al organismo para pasar a la acción tanto física como intelectualmente. Ante un estrés considerable, el sistema simpático orquesta las respuestas de lucha, huida o inhibición; dilata los bronquios, acelera la actividad cardíaca y respiratoria, puede ocasionar trastornos del ritmo cardíaco, contrae los vasos periféricos, dilata las pupilas, aumenta la tensión arterial y el sudor, disminuye las defensas inmunitarias, ralentiza la actividad digestiva y corta el apetito.

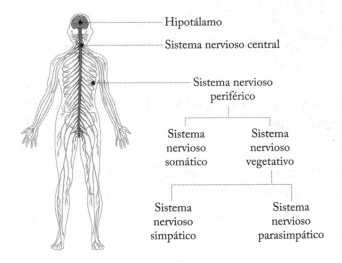

Figura 9. *El sistema nervioso vegetativo (SNV).*

La adrenalina y la noradrenalina se liberan en las glándulas suprarrenales, pero también en las fibras del sistema nervioso simpático. Estas dos moléculas influyen en gran medida en nuestro estado de ánimo. Cuando estas sustancias están presentes en una concentración normal, nos encontramos llenos de dinamismo y con la energía necesaria para vivir.

El sistema parasimpático nos calma y regula las emociones. Su activación aporta una ralentización general de las funciones del organismo para conservar la energía. Este eje parasimpático nos confiere un mejor equilibrio emocional, favorece la facultad de pensar y de concentrarnos. El corazón y la respiración se ralentizan, y la tensión arterial disminuye. Las defensas inmunitarias aumentan y la función digestiva se estimula. El sistema parasimpático se asocia con un neurotransmisor: la acetilcolina. Recordemos que la acetilcolina está implicada en la memoria, el aprendizaje y la contracción muscular. Ralentiza el ritmo cardíaco, dilata las arterias, disminuye la tensión arterial, contrae los bronquios, el tubo digestivo y las pupilas.

La fisiología del estrés en el niño

En el niño, el sistema neurovegetativo no está maduro al nacer

El sistema simpático energizante se instala en el primer año de vida y da al bebé una gran fuerza vital. Por su parte, el sistema parasimpático actúa como un freno o un modulador de los impulsos y no empieza a desarrollarse hasta después del segundo año de vida. La inmadurez de este sistema es uno de los numerosos factores que explican el poco control del niño pequeño sobre la formidable energía vital que lleva en él.

No consolar a un niño vuelve hiperactivo el sistema simpático

Si el entorno no consuela con calma y ternura a un niño que es presa de la tristeza, la angustia, el estrés o el miedo, la hiperactividad de su sistema simpático se refuerza. Si esta situación se repite, si el niño vive en un entorno muy estresante, se liberarán grandes cantidades de adrenalina y noradrenalina que tendrán repercusiones en su comportamiento y su salud: infecciones, trastornos de la respiración, del apetito, de la digestión, del sueño, dolor de cabeza, crisis de pánico o fatiga crónica.[1]

Consolar a un niño activa el sistema parasimpático

Michael Meaney, director de investigación de la Universidad McGill de Montreal, demuestra que el maternaje ayuda al sistema parasimpático a regular las emociones.[2] Cuando se consuela o se reconforta a un niño angustiado a través de una presencia dulce, afectuosa y con gestos tranquilizadores, se activa su sistema parasimpático y se regulan las funciones vitales del organismo alterado por el estrés. El ritmo cardíaco, la respiración, el sistema digestivo y el sistema inmunitario recuperan el equilibrio.

Los adultos que rodean a un niño en su más tierna edad lo ayudarán a regular su sistema neurovegetativo, algo que no puede hacer solo. Cuanto más se reconforta al niño, más deprisa se equilibra el sistema nervioso y más duraderos son los efectos. Tener una actitud comprensiva, reconfortante y tranquilizadora es indispensable cuando el niño pequeño es presa de una crisis de llanto, signo de un auténtico desamparo que en absoluto puede controlar él solo. Además, este contacto afectuoso y tierno permite la liberación de sustancias muy valiosas porque son beneficiosas y antiestrés: la oxitocina y los opiáceos.

La oxitocina regula el eje HH y el sistema nervioso simpático

La oxitocina segregada durante unas relaciones agradables y cariñosas es una molécula antiestrés, un potente ansiolítico. Calma a través de la ralentización de la actividad de la amígdala y disminuye las reacciones de miedo. La actividad del eje HH y del sistema nervioso simpático se debilita. La secreción de cortisol disminuye y la actividad parasimpática aumenta. La persona se calma, el ritmo del corazón y de la respiración se tranquiliza.

Consecuencias del estrés en el cerebro del niño y del adolescente

Mantener el equilibrio interior de nuestro organismo —lo que llamamos «homeostasis»— es uno de los objetivos principales del cerebro. El estrés, cuando es moderado, no rompe este equilibrio, incluso puede ser estimulante, fuente de superación y de creatividad. Pero cuando el estrés es alto o se repite, este equilibrio puede romperse. Entonces, la persona en cuestión se enfrenta a una condición que la supera. Se siente incapaz de enfrentarse a ella y se encuentra en una situación de desamparo que tendrá efectos muy nocivos sobre su salud física, psíquica e intelectual.

El cerebro del niño y del adolescente es especialmente sensible al estrés

El niño es más vulnerable al estrés que el adulto. Entre todos los mamíferos, el cerebro del ser humano es el que necesita más tiempo, con mucha diferencia, para alcanzar su plena madurez, y ello debido con mucha probabilidad a su extrema complejidad. El cerebro del ser humano empieza su desarrollo durante la gestación y termina su maduración muy tardíamente, hacia los veinticinco años. Así pues, en los primeros años de vida el cerebro en construcción es extremadamente inmaduro y, por ello, mucho más frágil y vulnerable al estrés que el cerebro del adulto.

Como consecuencia de situaciones de estrés intenso o repetidas, las repercusiones cerebrales pueden ser la causa de numerosos trastornos del comportamiento, incluso de dificultades cognitivas.[3]

Cuanto más joven es el cerebro, más frágil es. Los períodos de extrema fragilidad son, como ya hemos mencionado, la vida intrauterina y los dos primeros años de vida, pero el cerebro sigue siendo muy frágil en toda la infancia y la adolescencia. El estrés durante el embarazo y la primera infancia puede tener consecuencias muy negativas sobre el desarrollo del cerebro.[4]

El aflujo de adrenalina y cortisol es tóxico para el organismo

Cuando la tristeza, la angustia, el miedo o la cólera inundan al niño y llora, solloza o grita, solo, sin nadie para consolarlo, ¿qué ocurre en su organismo? Se desarrolla un gran estrés, porque a menudo los adultos, en lugar de consolarlo, gritan, amenazan, castigan: «Bueno, ya basta, cálmate de una vez. ¿A qué viene tanto lloro? ¡Aquí, se trabaja! No dejas que los demás se concentren. No quiero oírte más».

Es posible que el profesor, por desconocimiento de lo que ocurre, deje al niño solo ante su desamparo o incluso que lo zarandee, le tire con energía del brazo, lo amenace o lo castigue. Si el niño, en estos momentos, no recibe consuelo, calma, comprensión y ternura, el estrés aumenta. Su cerebro se ve invadido por la adrenalina, la noradrenalina y el cortisol, liberados en masa por las glándulas suprarrenales.

Las repercusiones comportamentales, psicológicas y físicas

Cuando estas moléculas del estrés están presentes en una cantidad demasiado elevada, sus efectos negativos sobre el organismo explican ciertos cambios psicológicos y comportamentales. El niño pierde del todo la confianza y ve a los demás y al mundo como una amenaza constante. Este estado lo llevará a huir, atacar o inhibirse. En los tres casos el niño se sentirá deprimido y correrá el riesgo de aislarse y volverse asocial, presa de conflictos permanentes. La vida será insoportable para él.[5]

El estrés durante la infancia y la adolescencia puede conducir, en el niño y en el adulto en el que se convertirá, a numerosas dificultades psicológicas, incluso psiquiátricas: ansiedad, depresión, intento de suicidio, agresividad, trastornos de la personalidad y déficit de empatía. También se asocia con un aumento de las enfermedades en la edad adulta;[6] por ejemplo, los niños expuestos al acoso desarrollan más enfermedades inflamatorias en la edad adulta.[7]

Demasiada adrenalina y noradrenalina

Cuando la concentración de adrenalina y noradrenalina es demasiado elevada, nos sentimos angustiados o enojados, nos invade una sensación de miedo y el cuerpo entra en hipervigilancia, listo para atacar, huir o replegarse.

La exposición crónica a las catecolaminas puede aumentar la concentración de lípidos y conducir a la aterosclerosis (formación de placas de ateroma en la pared interna de las arterias, lo que disminuye su calibre), que da lugar a complicaciones vasculares, cardíacas y cerebrales.

Demasiado cortisol

Este fenómeno —el aumento de la actividad del eje hipotálamo-hipofisario (HH), medido por la concentración de cortisol salival o sanguíneo— no nos afecta a todos por igual. Existen grandes diferencias de reactividad al estrés desde la más tierna infancia, algunos niños reaccionan mucho más que otros.

Una concentración elevada de cortisol conlleva numerosos trastornos del humor en el niño. Tiene la sensación de que ha perdido la fuerza, el valor, está triste, se siente inseguro, amenazado, angustiado. El mundo que lo rodea le parece hostil y agresivo. Sus pensamientos, sus emociones y sus percepciones están velados por una sensación de miedo, de gran peligro, se siente inhibido, incapaz de emprender nada y de superar la menor dificultad.

El estrés durante los primeros años de vida puede conducir a una hiperactividad permanente de este eje. Las consecuencias sobre el niño son inmediatas, pero más tarde repercutirán también en su vida de adulto, lo volverán hipersensible al estrés, con manifestaciones ansiosas, depresivas o agresivas.[8]

La secreción prolongada de cortisol puede, además, modificar el metabolismo y la inmunidad del organismo, producir el desarrollo de enfermedades crónicas, de enfermedades autoinmunes (diabetes, esclerosis en placas, poliartritis reumatoide, etc.)[9] y provocar efectos temibles sobre el cerebro inmaduro del niño, alterando ciertas zonas cerebrales, como la corteza prefrontal, el hipocampo, el cuerpo calloso o el cerebelo.[10]

En 2012, Lieselotte Ahnert, de la Universidad de Viena, Austria, confirmó que una relación profesor-alumno estrecha y de apoyo actúa como un potente regulador del estrés y disminuye la concentración de cortisol salival en los alumnos. Conocemos los efectos muy negativos del estrés sobre el aprendizaje.

Una relación cercana, afectuosa y estrecha con el profesor permite al alumno eliminar el estrés y poner su energía en el trabajo escolar y en las relaciones con sus semejantes y su profesor.

El cortisol altera las neuronas, la mielina y la transmisión sináptica

Las neuronas poseen receptores para los glucocorticoides, a los que se fija el cortisol. Michael Meaney muestra que el estrés disminuye el crecimiento de los receptores de los glucocorticoides en el hipocampo y en la amígdala, lo que aumenta la concentración de cortisol sanguíneo y, por lo tanto, los efectos negativos del estrés.[11]

El cortisol actúa despacio y puede estar en el cerebro durante horas, días e incluso semanas. Cuando su concentración alcanza niveles muy elevados o si se segrega de forma prolongada, tiene efectos muy tóxicos en las neuronas, la mielina y ciertas estructuras cerebrales en desarrollo.

El estrés reduce la neurogénesis (desarrollo de nuevas neuronas), disminuye las dendritas de las neuronas y la transmisión sináptica. Inhibe la neuroplasticidad y la resiliencia, y estos efectos sobre los circuitos neuronales y las diferentes estructuras cerebrales, amígdala, hipocampo y corteza prefrontal, varían en función de la edad en la que aparecen.[12]

Bruce McEwen, psiquiatra e investigador, director del laboratorio de neuroendocrinología de la Universidad Rockefeller de Nueva York, demuestra que en el niño el estrés muy elevado o repetido puede provocar incluso la destrucción de neuronas en estructuras importantes del cerebro, como la corteza prefrontal, el hipocampo, el cuerpo calloso y el cerebelo.[13] El estrés puede afectar el desarrollo de los circuitos neuronales, pues el cortisol altera la mielina que rodea las fibras nerviosas y acelera la transmisión del influjo nervioso.

Estudios recientes demuestran, en los niños que sufren un estrés intenso, una afectación de la sustancia blanca en ciertas partes del cerebro que evalúan y regulan el estrés.[14]

Las experiencias posnatales estresantes disminuyen el número de fibras mielinizadas.[15] Se ha observado una disminución de la densidad de la sustancia blanca en los adolescentes y los adultos jóvenes expuestos a humillaciones verbales y a negligencias durante la infancia.[16]

Haroon Sheikh señala, por ejemplo, en niñas pequeñas que presentan una concentración elevada de cortisol, alteraciones de las microestructuras de la sustancia blanca en tres regiones importantes del sistema emocional: el tálamo izquierdo, la corteza cingulada anterior derecha (CCA) y la corteza prefrontal. Estas tres regiones regulan el eje HH y, por lo tanto, tienen un papel esencial en la regulación de las emociones.

Por último cabe señalar que el estrés generado por dificultades socioeconómicas se asocia con una disminución de la sustancia gris de la corteza prefrontal y una alteración de la sustancia blanca en todo el cerebro.[17]

El cortisol actúa negativamente sobre la expresión del BDNF, factor de crecimiento neuronal

Las investigaciones de Bruce McEwen han demostrado que el cortisol en cantidades demasiado elevadas interfiere negativamente con la expresión del BDNF (*brain-derived neurotrophic factor*), factor de crecimiento neuronal que actúa sobre el desarrollo neuronal y la plasticidad cerebral.[18]

El estrés en la infancia reduce los telómeros de los cromosomas

Los telómeros constituyen el extremo del cromosoma; protegen al cromosoma del efecto del tiempo y del entorno. El acortamiento de los telómeros es lo que conduce a la muerte de las células. El estrés y los traumatismos experimentados en la primera infancia aceleran el acortamiento de los telómeros y, por ello, el envejecimiento celular.[19]

Efectos del estrés en el cerebro del niño

El estrés disminuye el número de receptores cerebrales de los glucocorticoides, lo cual aumenta la concentración de cortisol circulante. Cuando la concentración de cortisol es elevada, puede resultar muy tóxica.

El estrés actúa sobre las neuronas y disminuye la sustancia blanca y la sustancia gris:

- Interfiere negativamente con la expresión del BDNF, factor de crecimiento neuronal.
- Disminuye las dendritas, frena la multiplicación de las neuronas e incluso puede destruirlas.
- Altera la mielina.
- Disminuye la neurogénesis y la transmisión sináptica.
- Inhibe la neuroplasticidad y la resiliencia.

A través de estos mecanismos, altera las estructuras cerebrales y los circuitos neuronales.

El estrés reduce los telómeros de los cromosomas, que protegen a los cromosomas del envejecimiento.

El maltrato altera numerosas regiones cerebrales

Algunas estructuras cerebrales son especialmente vulnerables al estrés en la infancia

En 2012, Heledd Hart, del Instituto de Psiquiatría del King's College de Londres, llevó a cabo una revisión de todos los trabajos que estudian las repercusiones del maltrato sobre el cerebro del niño. Estas investigaciones confirman los efectos muy perjudiciales del maltrato y muestran la afectación de diferentes estructuras cerebrales, una disminución de la sustancia gris y de la sustancia blanca que afecta, sobre todo, a la corteza prefrontal y la corteza orbitofrontal, el hipocampo, la amígdala y el cuerpo calloso, y anomalías de los circuitos neuronales que unen estas diferentes regiones.

Heledd Hart recuerda que el maltrato se asocia con una disminución del coeficiente intelectual, la memoria global, la memoria de trabajo y la atención, con un aumento de la impulsividad y con dificultades para regular las emociones. Señala asimismo que las estructuras afectadas prioritariamente durante el maltrato son la corteza orbitofrontal y las regiones adyacentes, que generan problemas de comportamiento y de regulación de los afectos.

Las consecuencias sobre tres circuitos neuronales esenciales

Martin Teicher, en 2016, y Eamon McCrory, de la Universidad de Londres, en 2017, estudiaron los efectos del maltrato sobre tres circuitos cerebrales esenciales: el circuito de la recompensa, el circuito del tratamiento de la amenaza y el de la regulación de las emociones. Ambos investigadores demuestran de manera magistral y con mucha precisión que los niños y los adolescentes maltratados consideran el mundo de una manera muy diferente de quienes no han sufrido maltratos.

El tratamiento de la amenaza

La capacidad de detectar y responder a situaciones de riesgo o potencialmente peligrosas es una condición necesaria para sobrevivir. El circuito destinado al tratamiento de la amenaza comprende numerosas estructuras cerebrales, entre ellas la amígdala, la corteza prefrontal, el estriado, el hipocampo o también la corteza cingulada anterior.

Cuando este circuito se altera, los niños y los adolescentes pueden presentar manifestaciones de ansiedad. Su hipervigilancia los vuelve indecisos y temerosos, con comportamientos de repliegue y de elusión que los frenan en la exploración de su entorno. Esto se agudiza cuando el maltrato es grave y la persona en cuestión posee los genes que la hacen más vulnerable, en especial el gen FKBP5.[20] Esta focalización en todo lo que es amenazador puede favorecer las relaciones conflictivas e impedir unas relaciones afectivas estables, factores de resiliencia.

El tratamiento de la recompensa

De manera consciente o inconsciente, estamos motivados y buscamos lo que nos da placer, una satisfacción inmediata o posterior. Este circuito de la recompensa comprende en especial el estriado, el núcleo accumbens, la COF, la CCA y algunas regiones del hipotálamo. En 2009, Kent Berridge, de la Universidad de Michigan, sugirió que amar, querer y aprender forman parte de este circuito.

Cuando este circuito se daña, los niños y los adolescentes presentan manifestaciones depresivas, incapacidad de sentir emociones positivas en situaciones que normalmente deberían provocarlas, asociada con una sensación de desinterés difuso, una falta de compromiso, de energía y motivación. Las alteraciones de este circuito pueden desembocar en conductas adictivas (alcohol, drogas, juego). Esta falta de motivación para comprometerse en nuevas actividades o en nuevas relaciones sociales puede a su vez disminuir las oportunidades de mantener relaciones afectivas de apoyo.

La regulación de las emociones

Regular las emociones permite modificar el carácter positivo o negativo de la emoción, su intensidad, su duración y la capacidad de volver a evaluar la situación para encontrar soluciones.

El circuito de la regulación de las emociones comprende numerosas estructuras, en especial las regiones implicadas en la evaluación de la amenaza, de la recompensa y de las percepciones fisiológicas del cuerpo (núcleo estriado, amígdala e ínsula). Todas estas regiones están conectadas con la corteza prefrontal y con la corteza cingulada anterior.

Los niños y adolescentes que no saben regular sus emociones pueden sufrir ansiedad o depresión y presentar numerosos trastornos del comportamiento, como agresividad, conductas delictivas y adicciones.

El estrés debilita el hipocampo, alterando la memoria y el aprendizaje

El hipocampo, clave para el aprendizaje, es muy sensible al estrés y a cualquier desamparo emocional, lo que tiene resultados desastrosos sobre la atención, la concentración y la memoria.

Ya hemos visto que los receptores de los glucocorticoides que fijan el cortisol son especialmente densos en el hipocampo. Esto explica la importancia del hipocampo en la regulación del estrés. Este disminuye el número de receptores de los glucocorticoides en el hipocampo, que libera cortisol, cuya concentración aumenta en la circulación sanguínea.

Cuando el estrés se prolonga, la abundancia de cortisol reduce las sinapsis, agrede a las neuronas del hipocampo, frena su multiplicación, disminuye su número y puede destruirlas.

El cortisol estimula la amígdala, es decir, el miedo, que se vuelve dominante y ralentiza la actividad de la corteza prefrontal y del hipocampo. La mente se paraliza por el miedo y ya no somos capaces de escuchar ni de aprender. Solo memorizamos en la amígdala estas emociones de miedo, de angustia, y no registramos nada en el hipocampo.[21] En 2012, Martin Teicher demostró que el hipocampo disminuye de volumen en los niños maltratados física o verbalmente. También en 2012, un estudio alemán realizado por Udo Dannlowski precisó que esta disminución del hipocampo se asocia con una hiperreactividad de la amígdala, centro del miedo, y que todas estas modificaciones persisten en la edad adulta. En función de la gravedad del estrés, pueden manifestarse enfermedades como pérdida de memoria, crisis de ansiedad, incluso de pánico, trastornos disociativos (trastornos de la identidad, despersonalización), síntomas observados en el síndrome postraumático o TEPT.

El estrés impide pensar y aprender porque altera la corteza prefrontal y sus circuitos neuronales

La corteza prefrontal, estructura fundamental del ser humano pensante, responsable y ético, es muy sensible al estrés, sobre todo durante los primeros años de vida. Es rica en receptores de los glucocorticoides. Un estrés intenso en la primera infancia puede conllevar una destrucción de las neuronas de esta corteza, impidiendo su maduración y disminuyendo su volumen.[22]

La corteza prefrontal, con su corteza orbitofrontal (COF) y su corteza cingulada anterior (CCA), desempeña un papel muy importante en las funciones ejecutivas, la memoria y la regulación de los comportamientos.

Planificar, tener un pensamiento flexible y anticipar

son funciones cruciales para realizar las actividades cotidianas y cumplir objetivos a largo plazo. Ahora bien, los niños maltratados tienen funciones ejecutivas malas y capacidades de memorización y de atención débiles.[23]

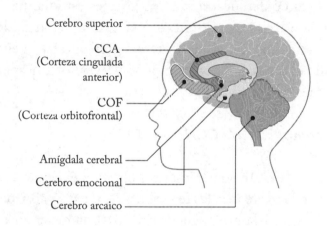

Figura 10. *Corteza orbitofrontal (COF) y corteza cingulada anterior (CCA).*

En 2017, Lisa Kluen, de la Universidad de Hamburgo, recordó que la corteza prefrontal forma parte del circuito de la memorización, de la codificación, de la consolidación y de la restitución de los hechos memorizados. Mostró los efectos muy dañinos del estrés por la acción del cortisol sobre la corteza prefrontal, que alteran el aprendizaje y la memoria.

En cuanto el estrés aparece, los circuitos que nos permiten pensar, aprender, reflexionar y memorizar se alteran e incluso se inhiben. El miedo nos hace menos inteligentes, porque la amígdala, al interferir en el funcionamiento de la corteza prefrontal, disminuye la exploración, anquilosa el pensamiento y conduce al miedo ante cualquier novedad. Cuanto más intenso es el estrés, más desposeídos estamos de nuestras facultades intelectuales. En estas condiciones no es posible pensar con claridad.[24]

Un estudio demuestra que los jóvenes estudiantes de medicina estresados presentan una disminución de los circuitos neuronales de la corteza prefrontal y menor flexibilidad mental. Estos efectos son reversibles después de un mes de vacaciones.[25]

El maltrato afecta a la CCA y a la COF

La CCA y la COF son elementos clave en el circuito del cerebro en lo referente a las reacciones de miedo y ansiedad, porque regulan la amígdala.[26] En 2010, Jamie Hanson, entonces investigador de la Universidad de Wisconsin-Madison, demostró que un estrés sostenido en los primeros años de la vida del niño puede alterar la corteza orbitofrontal (COF). Hanson estudió a 72 niños, 31 de los cuales habían sufrido maltratos físicos en la escuela por otros niños o en su familia (de la azotaina a la patada) y 41 niños que nunca habían sufrido maltrato físico.

El cerebro de los niños maltratados presentaba una disminución global del volumen, que afectaba sobre todo a la COF y la corteza prefrontal dorsolateral. Por el contrario, el cerebro de los niños no maltratados no presentaba estas anomalías. Otras regiones mostraban también disminuciones de volumen: la corteza temporal derecha, la corteza frontal derecha y las dos cortezas parietales, el tálamo, el cerebelo y la corteza occipital. «Los niños más afectados eran los que habían sido maltratados por sus padres. Presentaban numerosos trastornos del comportamiento, alteraciones del apetito y depresiones.»[27]

El estrés altera la amígdala y el circuito prefrontal-amígdala

El estrés aumenta el volumen de la amígdala y puede provocar reacciones de miedo, cólera, ansiedad y violencia incontroladas. Recordemos que la amígdala desempeña un papel en la identificación de las emociones y actúa con la corteza prefrontal para regular las emociones. Está implicada en las reacciones de miedo, en las reacciones impulsivas de huida, de agresividad o de sideración y en la memoria inconsciente.

El estrés incrementa la densidad de las dendritas de la amígdala y su volumen, con lo que los fenómenos ansiosos crecen, y altera los circuitos neuronales que van de la corteza prefrontal a la amígdala.[28]

Cuando el entorno del niño es muy dañino, su corteza prefrontal inmadura no es capaz de enfrentarse a un nuevo estrés ni de calmar a la amígdala.[29]

En 2017, Eamon McCrory señaló que este aumento del volumen de la amígdala vuelve a los niños maltratados hipervigilantes, desconfiados, y los conduce a menudo a manifestar comportamientos de elusión para no enfrentarse a la situación estresante. Si no pueden evitarla, su amígdala es hiperactiva y se vuelven negativos. Numerosos circuitos neuronales, entre ellos los circuitos entre la COF y la amígdala, pueden alterarse debido al maltrato durante la infancia y la adolescencia y dar lugar a dificultades diversas en la regulación de las emociones.[30]

A la inversa, cuando el entorno ha sido favorable durante la primera infancia, la corteza prefrontal es capaz, en el niño y después en la edad adulta, de calmar las reacciones emocionales de la amígdala.[31] Cuando los profesores utilizan su cariño, su empatía y su mirada positiva, desactivan la amígdala y crean un estado mental propicio para el aprendizaje.

El estrés durante la primera infancia altera en profundidad el funcionamiento de los neurotransmisores en la amígdala: la dopamina, la serotonina y el GABA (ácido gamma-aminobutírico). Estas alteraciones pueden provocar accesos de violencia incontrolados.

Recordemos que la dopamina está implicada en numerosas funciones esenciales, como el control motor, la atención, el placer y la motivación, el sueño, la memoria y la cognición. La dopamina desempeña un papel fundamental en las diferentes adicciones (alcohol y drogas). La serotonina contribuye a diferentes funciones, como el sueño, el humor, el apetito, el dolor y la regulación de la temperatura. El GABA, por su parte, regula la ansiedad y contribuye al control motor y a la visión.

El estrés puede dañar estructuras cerebrales y circuitos que participan en la visión

En 2012, dos estudios de Jeewook Choi y Akemi Tomoda, de la Universidad de Harvard, mostraron que los niños o los adolescentes que asisten a violencias conyugales presentan una disminución de la sustancia blanca de la corteza visual y una alteración del haz longitudinal inferior que une el lóbulo occipital y el lóbulo temporal. Esta vía neural concierne a todos los fenómenos visuales, tanto relacionados con la emoción como con la memoria o el aprendizaje.

Estos niños pueden presentar dificultades para reconocer palabras, objetos o personas, y una disminución de la memoria visual. A menudo manifiestan también numerosas enfermedades, como depresión, ansiedad, irritabilidad, somatizaciones y trastornos disociativos.

En 2015, Shimada Koji, de la Universidad de Fukui, en Japón, demostró que los niños maltratados pueden presentar una reducción de la corteza visual izquierda, que forma parte del circuito que regula el estrés frente a las imágenes emocionales. La corteza visual primaria y el sistema emocional están conectados. Estos niños tienen dificultades para reconocer las emociones positivas en las imágenes y los rostros. El investigador recordó que los niños y los adolescentes maltratados muestran con frecuencia trastornos ansiosos o depresivos.

El estrés puede afectar a otras estructuras cerebrales, como el cuerpo calloso y el cerebelo

Una exposición al estrés durante la primera infancia puede alterar el desarrollo del cuerpo calloso e incluso producir una destrucción de sus neuronas, lo que impide una buena comunicación entre los hemisferios cerebrales.[32] En algunos estudios, estas alteraciones del cuerpo calloso se asocian con una disminución del coeficiente intelectual (CI), lo que indica la importancia del cuerpo calloso en las funciones cognitivas.[33] El cerebelo es muy rico en receptores de los glucocorticoides. Cuando el estrés es muy grave, el cortisol en grandes cantidades puede destruir las neuronas y dar lugar a trastornos de la regulación de las emociones y del comportamiento social, así como a dificultades cognitivas y del lenguaje.[34]

El caso particular del maltrato emocional sobre el cerebro del niño

Insisto en el maltrato emocional a causa de su frecuencia y de sus repercusiones nefastas en el cerebro del niño y el adolescente, que dan lugar a dificultades cognitivas, psicológicas e incluso psiquiátricas.

Altera zonas del cerebro y puede producir trastornos psicológicos e incluso psiquiátricos

En caso de maltrato emocional, la hiperactividad de la amígdala conduce, como reacción a los estímulos negativos, a manifestaciones de miedo, ansiedad y cólera.

En 2014 y 2016, Martin Teicher estudió las consecuencias del maltrato emocional sobre la corteza cerebral y las redes neuronales del niño. Numerosas estructuras cerebrales de especial importancia (corteza prefrontal, amígdala, hipocampo, cuerpo calloso, etc.) y sus circuitos neuronales se alteran y los niños sufren agresividad, ansiedad, depresión y, más tarde, en la adolescencia y la edad adulta, pueden desarrollar comportamientos de riesgo (violencia, adicción al alcohol o a las drogas), trastornos disociativos (despersonalización, trastornos de la identidad) o somatizaciones (manifestaciones corporales de un conflicto psíquico).[35]

En 2014, Anne-Laura van Harmelen, investigadora neerlandesa, muestra que el maltrato emocional grave en el niño afecta al funcionamiento de la corteza orbitofrontal y aumenta el riesgo de desarrollar auténticas enfermedades psiquiátricas, como depresión grave y ansiedad patológica.

En 2015, el investigador coreano Sang Won Lee reveló que los adolescentes que han sufrido humillaciones verbales procedentes de los padres o los compañeros de clase y que están deprimidos presentan una disfunción de los circuitos frontoamigdalinos. En 2017, demostró que estar expuesto a humillaciones verbales durante la infancia tiene consecuencias nefastas sobre el cerebro en la adolescencia, ya que fragiliza los circuitos neuronales que permiten la regulación emocional. Estos adolescentes sufren depresión con frecuencia.

En 2014, Ming-Te Wang, investigador de Pittsburgh, estudió a 976 adolescentes que habían estado sometidos a una disciplina verbal severa a los trece años. Los padres, con el objetivo de corregir un comportamiento considerado inadecuado, gritaban, injuriaban a su hijo, lo trataban de imbécil, de perezoso, de incapaz y de inútil. En este estudio, las madres utilizaban más esta disciplina verbal que los padres.

Ming-Te Wang muestra que las palabras duras y severas en la adolescencia tienen efectos desastrosos y conducen, una vez más, a lo contrario de lo que los padres desean. Los problemas de comportamiento aumentan. Los adolescentes se vuelven cada vez más indisciplinados en la escuela, mienten y, a veces, roban o agreden. Además, son propensos a sufrir depresiones. Se constata que, aunque uno de los progenitores sea cariñoso, eso no compensará el efecto perjudicial de las palabras o los gritos.

También en 2014, Ann Polcari, investigadora de la Universidad Northeastern de Boston, estudió esta misma problemática en 2.518 personas, de edades comprendidas entre los dieciocho y los veinticinco años, expuestas durante la infancia a una disciplina verbal severa y, al mismo tiempo, a palabras cariñosas y de apoyo. Constató que haber sufrido humillaciones verbales provoca numerosos trastornos del comportamiento y mucho sufrimiento (ansiedad, agresividad, depresión y somatizaciones). Señaló que estas consecuencias no se atenúan con las felicitaciones y las palabras de ánimo pronunciadas por ese mismo progenitor o por el otro progenitor. De ahí que sea imperativo que el adulto busque ayuda si no consigue evitar decir palabras hirientes a su hijo.

Las palabras hirientes dañan circuitos neuronales que participan en la comprensión del lenguaje

Dos estudios publicados en 2009 y 2011, realizados por Jeewook Choi y Akemi Tomoda y especialmente interesantes para los profesores, demuestran que las palabras hirientes, humillantes y despreciativas de los padres tienen repercusiones nefastas sobre el cerebro de los niños y alteran el funcionamiento de circuitos neuronales y de zonas que participan en la comprensión del lenguaje, ya que afectan a la corteza auditiva en el lóbulo temporal superior y el fascículo arqueado. Recordemos que el lóbulo temporal superior está implicado en la comprensión del lenguaje, que trata información auditiva y el reconocimiento de las palabras, y que desempeña un papel en la memoria a largo plazo y en la vivencia emocional. Por su parte, el fascículo arqueado conecta el lóbulo temporal superior de la corteza auditiva con la corteza prefrontal, vía neural que recibe y modula la información auditiva. Estos niños tienen un CI verbal bajo y dificultades para comprender el lenguaje.

Las humillaciones verbales provocan otros trastornos cerebrales, que dan lugar a enfermedades como los trastornos ansiosos, los trastornos disociativos, las depresiones y las somatizaciones.

En 2010, otra investigación da cuenta de la conexión entre el maltrato emocional y las alteraciones de los circuitos neuronales implicados en el desarrollo del lenguaje y de la memoria espacial.[36]

Dadas las conclusiones de los numerosos estudios que existen acerca de las repercusiones del estrés en el cerebro del niño y el adolescente, parece indispensable hacer todo lo posible para poner en marcha una enseñanza estimulante, motivadora, que elimine el miedo y el estrés, y respete al niño por lo que es, evitando las palabras hirientes y las situaciones emocionales humillantes.

16. Los últimos descubrimientos sobre el cerebro del adolescente

He hablado desde el principio del libro de las especificidades del cerebro del niño, quien, hasta los cinco o seis años, está dominado por su cerebro emocional y arcaico. Me gustaría hablar ahora con más detalle del cerebro de los adolescentes, que no ha sido objeto de estudios profundos hasta muy recientemente. Estas investigaciones demuestran que el cerebro adolescente todavía es muy maleable y presenta singularidades que nos ayudan a comprender mucho mejor su comportamiento.

Muy a menudo, los adultos se sienten desconcertados ante los adolescentes, a los que consideran «insoportables» e «imposibles». Los estudios realizados nos permiten entenderlos mejor, mirarlos de una manera más comprensiva. Una vez más, nos incitan a privilegiar ante todo la calidad de las relaciones con ellos, es decir, una relación cariñosa, empática y de apoyo, que tenga en consideración su intensa reactividad emocional, sus dudas, sus vacilaciones y sus dificultades para elegir, los ayude a poner en palabras lo que sienten, a utilizar su discernimiento y su reflexión, y a comprender sus necesidades: deseos de autonomía, de libertad, de vivir nuevas experiencias, de arriesgarse, de entablar relaciones fuera del círculo familiar y también de desmarcarse de los adultos por su apariencia (ropa, peinado, lenguaje, etc.).

Sabemos que lo que experimentan los adolescentes resulta, ante todo, de los múltiples cambios que se producen en su desarrollo cerebral y que el cerebro no llega a su madurez hasta los veinticinco años. El cerebro de un adolescente no es ni como el de un adulto ni como el de un niño.

La adolescencia empieza con el inicio de la pubertad y termina en la edad adulta, en la que la persona se vuelve independiente y construye su propia vida afectiva. Este período comporta importantes cambios biológicos, físicos, cognitivos, emocionales y sociales.

Las relaciones sociales fuera del círculo familiar pasan a ser esenciales

Un aspecto esencial de la adolescencia es la búsqueda y el desarrollo de relaciones sociales fuera del círculo familiar. El adolescente debe transferir su fuente de seguridad emocional hacia personas nuevas y genéticamente diferentes. Crea nuevos grupos de semejantes y, de esta manera, se prepara para crear su propia familia. Es una forma natural de preparar la salida del nido. Esta actitud es buena tanto para el propio adolescente como para la sociedad en su conjunto; en efecto, es necesario, desde un punto de vista evolutivo, para evitar la endogamia. Sus relaciones de amistad son para él de una extrema importancia y tienen un impacto sobre su cerebro y su salud mental.

Para llegar a la edad adulta, el adolescente pasa por momentos de turbulencia, etapas de dudas, de interrogación en cuanto a su identidad y su futuro. Se hace preguntas referentes al sentido que quiere dar a su vida, lo que lo motiva y las personas a las que frecuenta.

Este período de grandes cuestionamientos y grandes cambios, tan temido por numerosos adultos, se desarrolla bien en la inmensa mayoría de los casos. Las auténticas enfermedades psiquiátricas son raras y afectan del 5 al 15 % de los adolescentes (esquizofrenia, enfermedades depresivas, ansiosas, adicciones, etc.).

||||||||||||||||||||||||||||||||||||||||||||||||||||||||||||||||||||||||||||||||||||||

Principales características de la adolescencia

- Necesidad de autonomía.
- Disminución de los vínculos con los padres.
- Aumento de los vínculos con los amigos (o los adolescentes de la misma edad).
- Reactividad emocional intensa.
- Mayor capacidad para arriesgarse.

||||||||||||||||||||||||||||||||||||||||||||||||||||||||||||||||||||||||||||||||||||||

¿Qué ocurre en el cerebro del adolescente?

El desarrollo del cerebro del adolescente depende, como el de los niños, de los genes y del entorno. La educación tiene una importancia capital para su desarrollo. El cerebro adolescente sufre una reorganización profunda:

- Se eliminan muchas sinapsis.
- Aumenta la sustancia blanca.
- Las hormonas sexuales modifican las redes neuronales de la reproducción.

El cerebro del adolescente madura progresivamente

Si se compara el cerebro humano con el del resto de los primates, se constata que su desarrollo es muy prolongado —se necesitan unos veinticinco años para que alcance su plena madurez—, y ello muy probablemente para adaptarse a entornos socioculturales de gran complejidad. Las últimas estructuras cerebrales que se han desarrollado son la corteza parietal inferior, la corteza temporal superior y, por último, la corteza prefrontal.

La corteza prefrontal, que se ocupa de las funciones superiores de alto nivel, es la que se desarrolla y madura más tardíamente. En ella se produce una remodelación progresiva y una maduración de los circuitos que van de la corteza prefrontal al cerebro emocional, y conducen a cambios en las funciones cognitivas y la regulación afectiva. La parte de la corteza prefrontal que madura en último lugar es la corteza orbitofrontal.

Existe un gran desfase entre una maduración precoz del sistema afectivo y una maduración prolongada y tardía de las regiones implicadas en la regulación de este sistema y que no alcanza su plena madurez hasta principios de la edad adulta. El sistema que permite una compleja comprensión de lo que piensa y siente el otro continúa su desarrollo durante la adolescencia.[1] Así pues, se necesitan veinticinco años para que el ser humano llegue a su plena madurez intelectual y afectiva.

El cerebro del adolescente es extremadamente maleable

Sabemos ahora que no todo depende de la primera infancia, el cerebro continúa desarrollándose durante la adolescencia, período en el que es especialmente adaptable y maleable.

La sustancia gris de la corteza disminuye: la poda sináptica

La sustancia gris de la corteza, que contiene los cuerpos celulares y las conexiones entre las células, las sinapsis, disminuye en varias regiones, con un pico en plena adolescencia en la corteza prefrontal dorsolateral, y se estabiliza al principio de la edad adulta. Esta disminución de la sustancia gris se debe a una reducción de las células gliales y, sobre, todo a la poda sináptica. Las sinapsis que se utilizan se refuerzan y las que no, se eliminan. Esto significa una vez más que las experiencias vividas por el adolescente influyen muchísimo en el desarrollo del cerebro.[2]

La sustancia blanca aumenta, con lo cual mejora el funcionamiento de los circuitos neuronales

La sustancia blanca aumenta a lo largo de la adolescencia, mejorando el funcionamiento de los circuitos neuronales. La parte de sustancia blanca, que corresponde a los axones y a la mielina que los recubre crece de manera lineal de la infancia a la adolescencia, con un máximo a finales de la adolescencia y a principios de la edad adulta, lo cual multiplica la rapidez neuronal y mejora el funcionamiento cerebral.[3]

La maduración de la corteza prefrontal

La región del cerebro que cambia más de forma más radical pero más progresivamente durante la adolescencia es la corteza prefrontal. El grosor, la superficie y el volumen de esta corteza se modifican y afectan a regiones destinadas a las funciones cognitivas, al desarrollo social y a la regulación del comportamiento.[4]

Esta lenta maduración de la corteza prefrontal, que regula el tratamiento de la recompensa y las reacciones emocionales, explica la gran influencia del prójimo sobre el adolescente, sobre sus comportamientos de riesgo, su gran reactividad emocional y su dificultad para tomar decisiones.[5]

El tratamiento de la recompensa

En la adolescencia, el sistema de la recompensa se modifica y contribuye a nuevos apegos, nuevos comportamientos y nuevos objetivos. Esto hace más vulnerable al adolescente a las influencias exteriores, más inclinado a arriesgarse, sobre todo cuando está con los amigos.

Las regiones de su cerebro emocional se vuelven hipersensibles a la sensación de recompensa relacionada con la toma de riesgos, por lo que vivir sensaciones fuertes le produce mucho placer. Al mismo tiempo, la corteza prefrontal, que nos impide arriesgarnos demasiado, todavía está desarrollándose en los adolescentes. Este desequilibrio (un poco como si hubiera más acelerador y menos freno) puede resultar peligroso: accidentes de carretera u otros, violencia, consumo de drogas, consumo excesivo de alcohol y relaciones sexuales no protegidas. Estos comportamientos son frecuentes sobre todo entre los trece y los dieciséis años, y después disminuyen.[6]

La gran plasticidad del cerebro del adolescente hace más vulnerables a los adolescentes a experiencias negativas como las drogas. Se sabe que el consumo de cannabis a esta edad puede producir modificaciones estructurales en el cerebro y daños cognitivos mucho más importantes en la adolescencia que en la edad adulta.[7]

La hiperreactividad de la amígdala

La fuerte reactividad emocional constatada en el adolescente debe relacionarse con la hiperreactividad de la amígdala y la baja actividad de la corteza prefrontal. El adolescente puede sufrir grandes variaciones de humor, intensas emociones o también una sensación de estar solo frente a un mundo hostil. Esto explica que a veces haya que enfrentarse a reacciones explosivas, auténticos «arrebatos» cuando los adolescentes se enfrentan a situaciones que los desestabilizan, que los estresan. La falta de sueño, frecuente a esta edad, aumenta las tormentas emocionales.

Las funciones cognitivas mejoran progresivamente, así como la capacidad de controlar las emociones y los impulsos

La reorganización del cerebro se asocia con profundos cambios cognitivos y emocionales. En particular con el desarrollo progresivo de las funciones ejecutivas, es decir, de todos los procesos cognitivos que controlan el pensamiento y el comportamiento, permitiendo así adaptarse a situaciones nuevas y complejas.

Muchos jóvenes adolescentes se sienten poderosos e invulnerables y son impulsivos.[8] La capacidad de juicio progresa. La corteza orbitofrontal, al volverse poco a poco más activa, controla mejor a la amígdala, lo que permite una mejor revaluación de las situaciones emocionales, es decir, la posibilidad de ver las cosas con perspectiva, de analizar lo que ocurre, en suma, de revaluar la situación y, en consecuencia, tomar buenas decisiones.[9]

Junto al desarrollo de estas funciones cognitivas se observan también cambios en las capacidades sociales y afectivas que conducen a una mejora de la empatía afectiva y cognitiva.

Las interacciones entre la corteza cingulada anterior y la amígdala mejoran a su vez durante la adolescencia y permiten disminuir la ansiedad.

La maduración de los circuitos neuronales

Aumenta la sustancia blanca en los lóbulos frontales, el cuerpo calloso y los circuitos frontotemporales y parietales. La mejora del aprendizaje se asocia, entre otros, con una mejor conectividad entre la corteza prefrontal y el cerebro emocional. Esta conectividad progresa entre los ocho y los veinticinco años. Estos cambios estructurales se acompañan de progresos en el lenguaje, la memoria de trabajo, la capacidad de juicio y la regulación de las emociones y los impulsos.[10] Diversas redes neuronales implicadas en el desarrollo socioemocional aumentan con la edad.

El cerebro emocional se vuelve poco a poco maduro con el reforzamiento de las conexiones entre el hipocampo y la amígdala. La maduración de la sustancia blanca frontoestriada se asocia con un mejor control inhibitorio.[11]

De manera simultánea, la conectividad entre la corteza prefrontal y las áreas motoras disminuye, dando lugar a una mejora de la inhibición motora, del control de los impulsos y de la cognición.[12]

El cerebro se vuelve también más eficaz en la coordinación motora y la agudeza sensorial.[13]

Las relaciones con los demás modifican el cerebro del adolescente

La gran plasticidad del cerebro de los adolescentes los hace muy vulnerables a su entorno. Las relaciones con los adultos y con sus semejantes influyen intensamente en el desarrollo de su cerebro.

Estudios recientes demuestran que las relaciones entre los padres y sus hijos adolescentes modifican el cerebro del adolescente, lo cual señala la importancia de una calidad educativa a esa edad. Cuando estas relaciones son positivas, es decir, empáticas y de apoyo, el cerebro se modifica favorablemente, y a la inversa, cuando estas relaciones son negativas, agresivas, tienen un efecto nefasto en el desarrollo de la corteza prefrontal, de la corteza parietal, del hipocampo, de la amígdala, del núcleo accumbens y de los circuitos frontoamigdalinos.[14]

Una parentalidad positiva actúa favorablemente en el cerebro del adolescente

¿Por qué hablar aquí de los padres? No disponemos aún de investigaciones sobre las repercusiones de la relación entre profesor y niño en el cerebro del alumno, pero empezamos a conocer los efectos de la actitud de los padres en el cerebro de los niños y los adolescentes, lo que nos lleva a lanzar la hipótesis de que la relación del profesor con el adolescente también produce modificaciones en su cerebro.

En 2014, la investigadora Sarah Whittle, de la Universidad de Melbourne, Australia, estudió el cerebro de 188 adolescentes y concluyó que el comportamiento positivo de la madre durante los conflictos con su hijo adolescente se asocia con un mejor desarrollo del cerebro de este último. Este desarrollo se refleja en una poda sináptica, un cambio en el calibre de los axones, una proliferación de las células gliales y un aumento de la mielinización en la periferia del cerebro. Se piensa que todos estos procesos neurobiológicos incrementan la eficacia de las neuronas, su estabilidad y su precisión, y se asocian con un mejor funcionamiento, que incluye el crecimiento de la regulación frente al estrés y un mejor control de las funciones ejecutivas.[15]

Este comportamiento positivo de la madre se asocia a un desarrollo estructural de las regiones implicadas en los circuitos de la recompensa, la reactividad y la regulación emocional. También va a la par con un adelgazamiento cortical acelerado en la corteza cingulada anterior derecha y en la corteza orbitofrontal y con una disminución del volumen de la amígdala.

La investigadora recuerda que el marcado adelgazamiento cortical durante la adolescencia se correlaciona con un funcionamiento cognitivo y emocional óptimo. Estos adolescentes muestran entonces grandes capacidades intelectuales, están poco sometidos a trastornos ansiosos y depresivos, y dan muestras de una buena capacidad de concentración y de resistencia a las distracciones.

En cuanto a la disminución del volumen de la amígdala, se sabe que se asocia con una disminución de la psicopatología. El comportamiento positivo de la madre y la disminución del volumen de la amígdala pueden reforzar las capacidades para regular las emociones y disminuir la reactividad emocional.

Es importante que la conciencia de esta fragilidad emocional de los adolescentes no impida a los adultos ser «verdaderos» adultos, que saben expresar su desacuerdo ante comportamientos inadecuados con firmeza benevolente y que transmiten valores. En suma, ser los guías que muestren el camino y que no estigmaticen los errores. Apoyados y comprendidos por los adultos, los adolescentes superan entonces este período y encuentran progresivamente su propio camino.

Conclusión

Tenemos la suerte de vivir en el siglo XXI, una era en la que los descubrimientos científicos y los progresos son inmensos. Los adultos no están solos ante las cuestiones de educación: centenares de investigadores de todo el mundo trabajan para mejorar los conocimientos sobre el desarrollo de los seres humanos, de su cerebro, y en especial el de los niños. Trabajan para comprender lo que permitiría a los alumnos ser felices de aprender —como reza el título de este libro— y progresar, y a los profesores sentirse competentes y cómodos en su clase.

Este libro aporta muchas pistas. Te invito a experimentarlas; todas se han evaluado y validado.

Las neurociencias afectivas y sociales no se oponen a las neurociencias cognitivas, sino que las complementan. Cuando se es profesor, conocer las neurociencias cognitivas, es decir, saber cómo aprende nuestro cerebro intelectual, es, evidentemente, indispensable. Las neurociencias afectivas y sociales, por su parte, pretenden explorar, comprender y conocer la relación y el estado emocional óptimo para aprender.

Estas investigaciones revelan que una relación de calidad con el niño es un factor esencial para el desarrollo de su cerebro.[1] Asimismo nos dicen alto y claro que la facultad de comprender los propios estados emocionales y los de los demás es fundamental para el desarrollo del niño, porque favorece las relaciones satisfactorias y los comportamientos prosociales.[2] Esta capacidad también se considera un requisito previo fundamental para la aptitud al aprendizaje y para el éxito escolar.[3]

No perdamos tiempo y dinero en repetir estudios que en todas partes del mundo ya han demostrado la importancia de la calidad de la relación profesor-alumno y del desarrollo de las competencias socioemocionales. Actuemos, pongamos en marcha estos descubrimientos. Hay mucho por hacer...

Gracias a la aplicación de estos múltiples trabajos, que convergen todos en afirmar que el niño y el adolescente necesitan relaciones empáticas, de cariño y de apoyo para desarrollarse de manera armoniosa, nuestro mundo se volverá, lo pienso profundamente, más pacífico y más afectuoso. Porque este vínculo afectivo permite a los seres humanos desarrollar sus capacidades cognitivas y sociales, aprender mejor, desarrollar un pensamiento libre, sentirse solidarios, responsables de sí mismos y del mundo, y felices de vivir.

Anexo

Para comprender el cerebro humano

Me parece útil añadir esta información complementaria para el lector que desee profundizar y comprender mejor el cerebro y su funcionamiento.

Recordatorio sobre el cerebro

Cien mil millones de células nerviosas

Es imposible no quedar estupefacto y maravillado ante el cerebro humano. Cuenta con cien mil millones de células nerviosas y genera diez mil millardos de sinapsis (conexiones entre las neuronas), es decir, más que el número de estrellas conocidas en el universo. El cerebro humano es la forma de materia organizada más compleja del cosmos. Existen dos tipos de células nerviosas: las neuronas y las células gliales.

Las neuronas

Su estructura se conoce bien: el cuerpo celular erizado de prolongaciones (dendritas) y el largo axón terminado por ramificaciones (véase la figura 5, p. 189). Las neuronas forman una red muy densa y se transmiten la información de forma eléctrica (influjo nervioso). Se comunican entre sí sin tocarse directamente sino formando un espacio (sinapsis) en el que unas moléculas, los neurotransmisores, hacen pasar el influjo nervioso de una neurona a otra.

Un neurotransmisor es una molécula química que transmite la información de una neurona a otra atravesando la sinapsis (véase la figura 6, p. 189). La liberación de los neurotransmisores se debe al influjo nervioso emitido por la neurona. La neurona presináptica emite el influjo y libera los neurotransmisores, y la postsináptica lo recibe. Los neurotransmisores liberados en el extremo de una neurona son captados por las neuronas postsinápticas por medio de receptores especializados para cada neurotransmisor y situados en su membrana.

Existen numerosos neurotransmisores de los que hemos hablado en esta obra: la serotonina, la dopamina, la acetilcolina, etc.

Los receptores son estructuras proteicas (formadas por proteínas) situadas en la membrana neuronal y a las que se fijan los neurotransmisores u otras sustancias químicas, o incluso medicamentos.

- **La sustancia gris** corresponde al cuerpo celular de las neuronas y a las sinapsis.
- **La sustancia blanca** contiene las fibras nerviosas, los axones. Debe su nombre a la mielina de color claro, que forma un manguito alrededor de los axones. Esta vaina aísla a los axones unos de otros y permite aumentar la velocidad de prolongación del mensaje nervioso a lo largo de las fibras nerviosas.

Las células gliales

Las hay de varios tipos:

- **Los astrocitos** abastecen a las neuronas de energía, de glucosa, y las libran de sus residuos.
- **La microglía** es el primer escudo del cerebro, lo protege contra las moléculas extrañas.
- **Los oligodendrocitos** producen la vaina de mielina que rodea y acelera la conducción a lo largo de las fibras nerviosas.

La mielinización

El axón de las neuronas está rodeado por un manguito llamado «mielina». El aislamiento que confiere la vaina de mielina acelera la transmisión del influjo nervioso: la velocidad de conducción pasa de un metro por segundo a cien metros por segundo.

La mielinización se desarrolla muy progresivamente durante toda la infancia y continúa durante la adolescencia. Se inicia en la corteza sensitivomotora y termina al final de la adolescencia en el área más compleja del cerebro: el área orbitofrontal. Esta eficacia en la conducción de la información en los lóbulos de la corteza conlleva una mejora de la capacidad cognitiva, en especial de la memoria, las aptitudes de lectura y de lenguaje y el comportamiento socioemocional.

Los circuitos neuronales

Un circuito neuronal es un grupo de neuronas conectadas en red. Estos circuitos están formados por cierto
número de neuronas que se comunican entre sí mediante
las sinapsis.

Después del nacimiento, la formación de sinapsis es
muy intensa. Millones de conexiones se forman, se
deshacen y se vuelven a formar en función de las relaciones afectivas, del aprendizaje y de todas las experiencias del niño. Esto influye en la eficacia y el número de
sinapsis. En cuanto una conexión resulta inútil, se
elimina y se sustituye por otra conexión más útil o más
eficaz, lo que se llama «la poda de las neuronas».

La teoría de los tres cerebros

En 1969, Paul MacLean formuló la hipótesis del cerebro
triple. Según él, a lo largo de la evolución habrían aparecido tres cerebros. En la actualidad esta concepción del
cerebro se considera obsoleta; las estructuras cerebrales
no funcionan de manera independiente, sino que tejen
numerosísimas conexiones entre sí.

- **El cerebro arcaico**, o reptiliano, apareció hace
  500 millones de años en los peces y después en
  los anfibios y los reptiles. Comprende el tronco
  cerebral y el cerebelo. Gestiona funciones primarias
  relacionadas con la fisiología básica (respiración,
  ritmo cardíaco, presión arterial, sueño, equilibrio

y otras funciones fisiológicas esenciales). Su segunda función es desencadenar, frente al peligro, comportamientos instintivos relacionados con la supervivencia, reflejos de ataque, de huida o de sideración.

- **El cerebro emocional**, también llamado «sistema límbico», apareció hace 150 millones de años en los primeros mamíferos. Su definición anatómica varía según los autores. Para el neurólogo Jean Decety, que trabaja en el campo de las neurociencias afectivas, está formado por varias estructuras estrechamente relacionadas entre sí: la amígdala y el hipocampo, pero también el hipotálamo, la corteza cingulada y la corteza prefrontal, la ínsula, el núcleo accumbens, el septo y los ganglios basales. Este cerebro nos hace sentir lo agradable, lo desagradable y toda la amplia gama de emociones. Para que no sean invasivas, la neocorteza se encarga de templarlas. Desempeña asimismo el papel de regulador de los instintos primitivos de supervivencia procedentes del cerebro arcaico y ayuda a controlar las reacciones de ataque, huida y sideración. Está implicado en la olfacción, el aprendizaje y la memoria.

- **El cerebro superior**, o neocorteza, empezó su expansión en los primates, hace dos o tres millones de años. En el ser humano representa el 85 % del volumen total del cerebro y envuelve las regiones más antiguas (el cerebro arcaico y el emocional). Esta corteza se divide en lóbulos: frontal, parietal, temporal y occipital. Está implicado en las funciones cognitivas llamadas superiores, como la conciencia, el lenguaje, las capacidades de aprendizaje, las percepciones sensoriales, las órdenes motrices voluntarias y la presencia en el espacio.

De todas las regiones de la corteza, el lóbulo prefrontal es, sin duda, el que ha experimentado mayor expansión en el ser humano. Este lóbulo es el origen de la reflexión, el razonamiento, la creatividad, la imaginación, la resolución de problemas, la planificación, la conciencia de uno mismo y la empatía.

¿Para qué sirven las regiones cerebrales mencionadas en este libro?

La corteza prefrontal

La corteza prefrontal tiene un estatus muy particular. A lo largo de la evolución, la especie humana se ha distinguido de las otras especies de primates por el tamaño más voluminoso de su corteza prefrontal, lo que podría ser el reflejo de los complejísimos mecanismos necesarios para las relaciones sociales que constituyen la base de la cohesión del grupo. Esta zona es la que madura más tarde, al principio de la edad adulta.

La corteza prefrontal es el centro ejecutivo del cerebro, el centro de decisión y de planificación. Es asimismo la sede de funciones superiores, como el lenguaje, el razonamiento y la memoria de trabajo (que nos permite recordar una consigna mientras estamos realizando una tarea). También es el lugar esencial del control de las respuestas emocionales y de la vida afectiva y social. La corteza prefrontal nos da el poder de decir no a nuestros impulsos. Ante una situación de relación difícil, fuente de numerosas emociones, la corteza prefrontal nos ayuda a revaluar, es decir, a reflexionar, a verla con perspectiva y a encontrar soluciones.

La corteza prefrontal está relacionada con numerosas regiones del cerebro, en especial con lo que llamamos el «cerebro social», que reúne zonas cerebrales como el núcleo accumbens, la amígdala, el área tegmental ventral (ATV), el hipotálamo y las regiones implicadas en las respuestas sensoriales y motoras.

Infinitamente compleja, la corteza prefrontal está subdividida en numerosas áreas, cada una de ellas encargada de funciones diferentes y entre las cuales una resulta importantísima para la vida social: la corteza medial prefrontal (CMP), que corresponde a la corteza orbito-frontal y a una parte de la corteza cingulada anterior.[1]

Para simplificar la comprensión me concentraré en dos zonas de la corteza prefrontal: la corteza orbito-frontal (COF) y la corteza cingulada anterior (CCA).

La corteza orbitofrontal

La corteza orbitofrontal es fundamental para la vida social. Esta estructura cerebral extremadamente valiosa desempeña un papel esencial en nuestra capacidad de afecto y empatía, en la regulación de las emociones y también en el desarrollo del sentido moral y la capacidad de tomar decisiones, facultades que participan en las relaciones con los demás. El volumen de esta corteza se correlaciona con las competencias sociales.[2]

El desarrollo de la COF depende de las experiencias vividas por el niño. Esta región de nuestro cerebro situada por encima de las órbitas oculares solo se desarrolla bien si el entorno del niño es benevolente, empático y de apoyo.[3]

Este importante descubrimiento demuestra una vez más la importancia capital de la educación. Los niños suelen actuar de manera ética si tienen buenos guías, buenos modelos. Las investigaciones actuales así lo confirman. Con, sin embargo, las capacidades de resiliencia que hemos descrito en el libro.

La maduración de la COF

Si el entorno aporta al niño lo que necesita (seguridad afectiva, escucha y apoyo), los circuitos de la COF se reforzarán progresivamente. Un empuje de crecimiento neuronal, correspondiente a la multiplicación de los circuitos, se inicia hacia los cinco años y continúa hasta los siete años. Hacia la edad de cinco a seis años, el niño empieza, pues, a controlar un poco mejor sus emociones negativas, a comprender sus causas y a ser capaz de superarlas.

Cada vez que el niño pequeño observa que un hermano, una hermana, un compañero o un adulto superan un conflicto emocional con calma y equilibrio, los circuitos de la COF encargados de regular la amígdala «repiten», registran la escena y se refuerzan en el niño. Progresivamente, los circuitos de la COF encargados de regular los impulsos emocionales se vuelven más eficaces y el niño es «más razonable».

Ocurre lo contrario cuando el adulto grita y castiga, ya que frena el buen desarrollo de esta región. El niño y el adulto en que se convertirá tendrán dificultades para comportarse de manera ética y ser empáticos, para amar, para regular las emociones y ser capaces de tomar decisiones.[4]

Pero la maduración está lejos de haber acabado. Esta región tan esencial termina su maduración más tarde, a principios de la edad adulta. Por debajo de los cinco o seis años, el niño está dominado por su cerebro emocional y su cerebro arcaico, por lo que tiene impulsos que controla con dificultad: querer comer inmediatamente lo que le gusta, patalear y vociferar para conseguirlo, decir tacos con embeleso, hacer payasadas o muecas en lugares inapropiados, gritar lo más fuerte posible para divertirse, verse atacado por llantos incontrolables, golpear, morder, etc.

Muy a menudo, los adultos piensan que su hijo de tres o cuatro años es capaz de controlar todas estas emociones e impulsos y pierden la paciencia ante el comportamiento disparatado de su hijo, pues creen que lo hace a propósito. El niño de esta edad todavía es demasiado pequeño para ser «razonable», como les gustaría a los adultos. Aún tiene momentos de intensa cólera, nerviosismo y relaciones impulsivas.

La corteza cingulada anterior

La CCA desempeña, como la COF, un papel importante de «interfaz» entre emoción y cognición (véase la figura 7, p. 201), concretamente en la transformación de los sentimientos en intenciones y acciones. La CCA está implicada en funciones superiores, como el control de las emociones, la facultad de concentración para resolver un problema, el reconocimiento de los errores y la capacidad de encontrar respuestas que se adapten a condiciones cambiantes. Todas estas funciones implican una estrecha relación con las emociones.

La CCA participa en la capacidad de revaluación que nos conduce a volver a examinar una situación con gran carga emocional. Tener en cuenta las vivencias interiores durante una discusión estimula la conectividad de las redes neuronales. Esta conciencia de las vivencias asegura una mejor regulación emocional. En las personas a las que se anima a la introspección y a expresar claramente lo que sienten, el tamaño de la corteza frontal y de la CCA aumenta, y la amígdala se calma.

La CCA, estructura esencial en la relación con nosotros mismos y con los demás, participa en numerosos sentimientos y tiene un papel clave en la autoempatía y la empatía.

Frente a nosotros mismos, la CCA participa en la autoempatía y se activa cuando dirigimos la mirada hacia nosotros mismos, movilizando toda nuestra atención para comprender lo que nos pasa.

En la relación con los demás, participa en la empatía activándose cuando dirigimos una atención y una escucha extremas al otro y nos ayuda a expresar y a reconocer las expresiones faciales. Se activa asimismo cuando nos ocupamos de alguien, cuando cooperamos y jugamos con él. Según Hugo Critchley, profesor de psiquiatría de Brighton, las diferencias individuales observadas en la capacidad de percibir las propias emociones o las de los demás se correlacionan con una activación más o menos importante de la CCA. La tomografía cerebral muestra una mayor actividad de la CCA en las personas más sensibles a las relaciones interpersonales, capaces no solo de evaluar mejor una situación social, sino también de sentir cómo la perciben los demás presentes.

La CCA se activa en caso de dolor físico y de rechazo social. Según Naomi Eisenberger y su equipo, de la Universidad de Los Ángeles, esta estructura es sede del dolor físico y del sufrimiento debido al rechazo social tanto cuando nosotros somos el objetivo como cuando estos afectan a otros. Así pues, nuestro cerebro registra el rechazo social en la misma área que el sufrimiento físico.

La amígdala cerebral

La amígdala cerebral es un núcleo en forma de almendra (del latín *amygdala*, que significa «almendra») considerado el eje de las emociones y las relaciones sociales. Es un componente clave en las relaciones con el mundo de alrededor.[5] Es el lugar donde se elaboran las primeras impresiones emocionales. Forma parte de numerosos circuitos neuronales asociados con las experiencias emocionales y, en especial, con las vivencias de miedo y apego.

La amígdala desempeña un papel central en las reacciones de miedo. Su papel es detectar cualquier peligro potencial en el entorno y alertarnos. Nos hace reaccionar de manera automática e inconsciente, en una fracción de segundo. En cuanto tenemos reacciones de miedo o de ansiedad, la amígdala, madura desde el nacimiento, se activa y alerta al hipotálamo, que desencadena la secreción de las hormonas del estrés: cortisol y adrenalina; en cantidad elevadas, estas pueden ser muy tóxicas para un cerebro inmaduro. Los adultos poseen estructuras cerebrales que les permiten analizar lo que les da miedo, ver las cosas con perspectiva y, de esta manera, calmarse o actuar. En los niños pequeños, estas estructuras cerebrales todavía no están funcionando, de manera que los miedos son frecuentes y a veces se transforman en auténtico pánico.

Las vivencias de miedo de la primera infancia se fijan, se memorizan inconscientemente y de por vida en la amígdala cerebral y continúan actuando en la edad adulta. Hemos olvidado esos momentos de gran miedo porque el hipocampo, estructura cerebral que nos permite tener recuerdos conscientes, no funciona antes de los tres o cinco años, lo cual explica la ausencia de recuerdos de la primera infancia.

El hipocampo

Esta estructura debe su nombre a su semejanza con el hipocampo marino o caballito de mar. Desempeña un papel importante en la memoria emocional consciente y la memoria a largo plazo, el aprendizaje y la regulación de las emociones.

El hipocampo y la corteza cerebral, que nos permiten tener recuerdos conscientes, todavía son inmaduros en el niño muy pequeño. La maduración de una parte del hipocampo se inicia probablemente alrededor de los dieciocho meses y permite a la memoria explícita, consciente, empezar, muy despacio, a desarrollarse y a ser activa entre los tres y los cinco años, en función de los niños.

Esta estructura transforma el contenido de la memoria de trabajo —la información nueva, retenida de manera temporal en la corteza prefrontal mientras se realiza una tarea— en memoria a largo plazo. El hipocampo es esencial para recordar los episodios de la vida, es la memoria llamada «episódica», autobiográfica. Todo lo que aprendemos y todos nuestros recuerdos dependen del hipocampo. Por lo tanto, el hipocampo es solicitado permanentemente y no deja de fabricar nuevas neuronas a lo largo de toda la vida. Es la sede de una neurogénesis continua. Se remodela sin pausa y su tamaño varía en función del aprendizaje y los recuerdos.

La memoria y el aprendizaje están íntimamente relacionados y dependen el uno del otro. La memoria es esencial para cualquier aprendizaje, puesto que permite el registro y el recuerdo de la información aprendida. La memoria es el rastro que queda de algo aprendido. Por lo tanto, el hipocampo ocupa el centro de cualquier aprendizaje. El estrés debilita el hipocampo, desgasta la memoria y, con ello, altera el aprendizaje.

Los receptores de los glucocorticoides, especialmente densos en el hipocampo, explican su importancia en la regulación del estrés.

Las neuronas del hipocampo poseen receptores para los glucocorticoides a los que se fija el cortisol. Michael Meaney demostró en 1989 que la calidad y la cantidad de los cuidados maternales, el contacto tranquilizador, estimulan la creación de receptores de los glucocorticoides, disminuyendo así la exposición del hipocampo al cortisol. Las reacciones dañinas al estrés se atenúan y el hipocampo está protegido.

Agradecimientos

En primer lugar quiero dar las más efusivas gracias a los numerosos inspectores e inspectoras, a los consejeros y consejeras pedagógicos y a los directores y directoras de centros Canopé que llevan años llamándome para múltiples intervenciones. El interés que han mostrado por los nuevos conocimientos sobre el cerebro que son las neurociencias afectivas y sociales me ha incitado a profundizar en el tema y a reflexionar sobre su posible aplicación en las escuelas. Sin ellos nunca se me habría ocurrido escribir un libro sobre la escuela. Desde aquí toda mi gratitud; espero que encuentren en esta obra pistas de reflexión.

Gracias también a Les Arènes, que me han acogido con tanto cariño; a Laurent Beccaria, su director, y a Catherine Meyer, mi editora, que a lo largo de la escritura de este libro me ha escuchado y ha permanecido disponible, competente y cariñosa.

Y muchísimas gracias a mi marido, a Nicolas y Cécile, a Alice y Fred, por su confianza y su apoyo incondicional.

Índice de figuras

Notas

INTRODUCCIÓN
1. Robert Laffont 2014.

1. LA CALIDAD DE LA RELACIÓN PROFESOR-ALUMNO ES DETERMINANTE
1. Ameis 2014; Björnsdotter 2014; Gee 2014; Kida 2014; Teicher 2006, 2010, 2012, 2014; Tomoda 2011; van Harmelen 2014a-b; Whittle 2014.
2. Maurel 2009.
3. Préface, Robert Laffont 2014.
4. Afifi 2011.
5. Werner y Smith 1982.
6. Buyse 2009; Hamre 2001; Hugues 2006; Cadima 2015; Choi 2016.
7. Pianta 2003, 2004.
8. Hamre 2008.
9. Routledge 2008.
10. Presses de l'Université du Québec 2017.
11. Routledge 2013, con Gregory Yates.

2. ¿QUÉ PINTAN LAS EMOCIONES EN LA ESCUELA?
1. Durlak 2011.
2. Odile Jacob 1995.
3. Odile Jacob 1999.
4. Björnsdotter 2014; Kida 2014; Michalska 2014; Whittle 2014.

5.   Gee 2014.

6.   Björnsdotter 2014; Decety 2015; Hanson 2015; Kida 2014; Michalska 2014.

7.   Van Harmelen 2014; Teicher 2014; Wang 2014.

8.   Hariri 2000; LeDoux 2002, 2005.

9.   Davidov 2013; Decety 2015.

10. Brownell 2013; Drummond 2014; Paulus 2014.

3. LA EMPATÍA EN EL CENTRO DE LA RELACIÓN

1.   Decety 2015.

2.   Shamay-Tsoory 2011.

3.   Cornelius-White 2007; Hattie 2009.

4.   Pianta 2008.

5.   Shamay-Tsoory 2011.

6.   MacDonald 2011.

7.   Guastella 2008.

8.   Morelli 2004.

9.   Champagne 2008; Gordon 2010; Björnsdotter 2014; Whittle 2014.

10. De Dreu 2016.

4. LAS COMPETENCIAS SOCIOEMOCIONALES

1.   La sensibilidad es la capacidad de percibir e interpretar con precisión las señales del niño y de responder a ellas rápidamente y de manera apropiada, lo cual corresponde para mí a la empatía y conduce a un apego seguro. La sensibilidad es una mirada positiva dirigida al niño, el respeto por su autonomía, una presencia que apoya y no es agresiva.

2.   Denham 1990.

3.   Ameis 2014; Callaghan 2014; Fan 2014; Gee 2014.

5. EL APEGO: COMPRENDER LA CALIDAD DEL VÍNCULO CON EL NIÑO

1. Bakermans-Kranenburg 2007.
2. Crowell 2002.
3. Milatz 2015.
4. Verschueren 2015.
5. High 2008.

6. LA RELACIÓN CON EL ALUMNO SE TRABAJA Y SE APRENDE

1. Elias 1997; Greenberg 2003.
2. Mayer 2008.
3. Brackett 2012.

7. LA COMUNICACIÓN NO VIOLENTA (CNV)

1. Ornaghi 2015; Brownell 2013.

8. CUANDO LOS PROFESORES DESARROLLAN SUS COMPETENCIAS SOCIOEMOCIONALES

1. Schunk 2005.
2. Meyer 2002; Yoon 2002.
3. Hamre 2008.
4. Hernández 2015.
5. Pianta 2009.
6. O'Connor 2012.
7. Kendziora 2016; Mashburn 2008; Ruzek 2016.
8. O'Connor 2012.
9. *Ibid.*
10. Silver 2005; Baker 2006, 2008.
11. Wang 2014.
12. Gambone 2002.

13. Pianta 2003; Buyse 2011.

14. El subrayado es mío.

15. Leonard 2011.

16. Ponitz 2009.

17. Cameron 2012.

18. Howes 2008.

9. ¿CÓMO TRANSMITIR LAS COMPETENCIAS SOCIOEMOCIONALES A LOS ALUMNOS?

1. Hernández 2015.

2. Early 2017.

3. Schmitz 2016.

10. CUANDO LOS ALUMNOS ADQUIEREN ESTAS COMPETENCIAS SOCIOEMOCIONALES

1. Brackett 2011, 2012; Ciarrochi 2000; Davis 2012; Kokkinos 2012; Joseph 2010; Ferrando 2011; Rimm-Kaufman 2015; Durlak 2015.

2. Denham 2010, 2011; Jones 2015; Schonfeld 2015.

3. Zins 2006.

4. Ivcevic 2015.

5. Fredrickson 2001.

6. Ciarrochi 2002.

7. Lopes 2005.

8. George 2000.

9. Bierman 2009; Denham 2010.

10. Gleason 2009.

11. Brackett 2011; Ciarrochi 2000; Davis 2012; Kokkinos 2012.

11. ¿FELICITAR O ANIMAR?

1. Blackwell 2007.

2. Zentall 2010.

3. Love 2014.

4. Riley 2012.

5. Sabol 2012.

12. EL CEREBRO SE MODIFICA GRACIAS A LA NEUROPLASTICIDAD Y LA EPIGENÉTICA

1. Teicher 2016.

2. Cozolino 2013.

3. Davidson 2012.

4. Cozolino 2013.

5. lecerveau.mcgill.ca. El subrayado es mío.

6. Markham 2004.

13. UNA RELACIÓN DE CALIDAD TIENE EFECTOS POSITIVOS EN EL CEREBRO

1. Cozolino 2013.

2. Landry 2008.

3. Ameis 2014; Gordon 2013; Björnsdotter 2014; Callaghan 2014; Gee 2014, 2016; Kida 2014; Wachs 2014; Whittle 2014.

4. Szyf 2008.

5. Meaney 1989, 1996, 2001, 2004, 2005, 2009, 2010.

6. Luby 2012.

7. Kok 2014.

8. Merz 2016.

9. Mesman 2012.

14. EL ESTRÉS DIFICULTA EL DESARROLLO DEL NIÑO

1. Noble 2007; Hackman 2010; Krugers 2017.

2. McCrory 2017.

3. Tursz y Gerbouin-Rérolle 2008.

4. Éditions L'Instant présent, 2012.

5. Informe de Unicef: *Progress for Children: A Report Card on Child Protection*, 2009.

6. Maurel 2015.

7. Afifi 2012; Maguire-Jack 2012; Gershoff 2012; Waller 2012; Tomoda 2009; Hanson 2010; Teicher 2010, 2012.

8. Hornor 2012.

9. Eisenberger 2004, 2012.

10. Taylor 2010.

11. Cozolino 2013; Hugues 2016; Griese 2016; Rajendran 2016.

15. EL CEREBRO DEL NIÑO Y DEL ADOLESCENTE FRENTE AL ESTRÉS

1. Habib 2001.

2. Meaney 1989, 1996.

3. Teicher 2016.

4. Curley 2011; Kundakovic 2013.

5. Claessens 2011.

6. Hackman 2010; Carroll 2013; Harpaz-Rotem 2013.

7. Copeland 2014.

8. Frodl 2010; Van Bodegom 2017.

9. Hackman 2010; Carroll 2013; Harpaz-Rotem 2013.

10. McEwen 2015, 2016.

11. Meaney 1989, 1996.

12. Teicher 2016; Korosi 2012; McEwen 2015, 2016.

13. McEwen 2007, 2011, 2015, 2016; Frodl 2010.

14. Eluvathingal 2006; Choi 2009, 2012; Huang 2012; Sheikh 2014.

15. Choi 2012.

16. Choi 2009; Huang 2012.
17. Gianaros 2007, 2013.
18. McEwen 2008.
19. Shalev 2013.
20. Caspi 2006; White 2012.
21. McEwen 2016.
22. *Ibid.*
23. Augusti 2013; Irigaray 2013.
24. Bangasser 2010.
25. Liston 2009.
26. Teicher 2016.
27. Hanson 2010.
28. McEwen 2015, 2016.
29. Taylor 2006.
30. Teicher 2016.
31. Lieberman 2007.
32. McEwen 2012.
33. Luders 2007.
34. Teicher 2003, 2006.
35. Teicher 2013; McLaughlin 2014; Van Harmelen 2014.
36. Majer 2010.

16. LOS ÚLTIMOS DESCUBRIMIENTOS SOBRE EL CEREBRO DEL ADOLESCENTE

1. Lamblin 2017.
2. Konrad 2013; Jaworska 2015.
3. Jaworska 2015.
4. Vijayakumar 2016.
5. Lamblin 2017.
6. Konrad 2013.
7. Schneider 2008.

8. Cozolino 2013.

9. Semper 2016.

10. Khundrakpam 2016.

11. *Ibid.*

12. Van Duijvenvoorde 2015.

13. Cozolino 2013.

14. Whittle 2012, 2014, 2016; Lee 2015.

15. Westlye 2011.

CONCLUSIÓN

1. Kok 2015.

2. Eisenberger 2006.

3. Denham 2007, 2012.

ANEXO

1. Bicks 2015.

2. Powell 2010.

3. Schore 1994; Michalska 2014; Whittle 2014.

4. Van Harmelen 2014; Teicher 2014; Wang 2014.

5. Belsky 2011.

Bibliografía

Afifi, T. O., *et al.* (2011), «Resilience following child maltreatment: A review of protective factors», *The Canadian Journal of Psychiatry*, vol. 56, n.º 5, pp. 266-272.

Ahnert, L., *et al.* (2012), «Student-teacher relationship and classroom climate in first grade: How do they relate to students' stress regulation?», *Attachment and Human Development*, vol. 14, n.º 3, pp. 249-263.

Ameis, S. (2014), «Cortical thickness, cortico-amygdalar networks, and externalizing behaviors in healthy children», *Biological Psychiatry*, vol. 75, n.º 1, pp. 65-72.

Aritzeta, A., *et al.* (2016), «Classroom emotional intelligence and its relationship with school performance», *European Journal of Education and Psychology*, vol. 9, n.º 1, pp. 1-8.

Augusti, E. M., *et al.* (2013), «Maltreatment is associated with specific impairments in executive functions: A pilot study», *Journal of Traumatic Stress*, vol. 26, n.º 6, pp. 780-783.

Aupperle, R. L., *et al.* (2016), «Neural responses to maternal praise and criticism: Relationship to depression and anxiety symptoms in high-risk adolescent girls», *NeuroImage Clinical*, n.º 11, pp. 548-554.

Avants, B. B., *et al.* (2015), «Relation of childhood home environment to cortical thickness in late adolescence: Specificity of experience and timing», *PLOS ONE*, vol. 10, n.º 10, pp. 1-10.

BAKER, J. A., *et al.* (2008), «The teacher-student relationship as a developmental context for children with internalizing or externalizing behavior problems», *School Psychology Quarterly*, vol. 23, n.º 1, pp. 3-15.

BAKERMANS-KRANENBURG, M. J., *et al.* (2007), «Research review: genetic vulnerability or differential susceptibility in child development: The case of attachment», *Journal of Child Psychology and Psychiatry*, vol. 48, n.º 12, pp. 1160-1173.

BAPTISTA, L. F., *et al.* (1986), «Song development in the white-crowned sparrow: Social factors and sex differences», *Animal Behaviour*, vol. 34, n.º 5, pp. 1359-1371.

BEAR, G. (2016), «Differences in classroom removals and use of praise and rewards in American, Chinese, and Japanese schools», *Teaching and Teacher Education*, n.º 53, pp. 41-50.

BELFIELD, C., *et al.* (2015), «The economic value of social and emotional learning», Nueva York, Center for Cost-Benefit Studies in Education, Teachers College, Columbia University.

BERNIER, A., *et al.* (2012), «Social factors in the development of early executive functioning: A closer look at the caregiving environment», *Developmental Science*, vol. 15, n.º 1, pp. 12-24.

BERRIDGE, K., *et al.* (2009), «Dissecting components of reward: "Liking", "wanting", and "learning"», *Current Opinion in Pharmacology*, vol. 9, n.º 1, pp. 65-73.

BICK, J., *et al.* (2016), «Early adverse experiences and the developing brain», *Neuropsychopharmacology*, vol. 41, n.º 1, pp. 177-196.

BICKS, L. K., *et al.* (2015), «Prefrontal cortex and social cognition in mouse and man», *Frontiers in Psychology*, vol. 6, n.º 1805, pp. 1-15.

BIERMAN, K. L., *et al.* (2008), «Promoting academic and socioemotional school readiness: The head start REDI program», *Child Development*, vol. 79, n.º 6, pp. 1802-1817.

— (2017), «Enriching preschool classrooms and home visits with evidence-based programming: Sustained benefits for low-income children», *Journal of Child Psychology and Psychiatry*, vol. 58, n.º 2, pp. 129-137.

BJÖRNSDOTTER, M., *et al.* (2014), «Development of brain mechanisms for processing affective touch», *Frontiers in Behavioral Neuroscience*, vol. 24, n.º 8, pp. 1-10.

BLACKWELL, L. S., *et al.* (2013), «Implicit theories of intelligence predict achievement across an adolescent transition. A longitudinal study and an intervention», *Child Development*, vol. 78, n.º 1, pp. 246-263.

BLAZE, J. T., *et al.* (2014), «Loud versus quiet praise: A direct behavioral comparison in secondary classrooms», *Journal of School Psychology*, vol. 52, n.º 4, pp. 349-360.

BOYCE, W. T. (2016), «Differential susceptibility of the developing brain to contextual adversity and stress», *Neuropsychopharmacology*, vol. 41, n.º 1, pp. 142-162.

BRACKETT, M. A., *et al.* (2011), «Emotional intelligence: Implications for personal, social, academic, and workplace success», *Social and Personality Psychology Compass*, vol. 5, n.º 1, pp. 88-103.

— (2012), «Enhancing academic performance and social and emotional competence with the RULER feeling words curriculum», *Learning and Individual Differences*, vol. 22, n.º 2, pp. 218-224.

BROWNELL, C. A., *et al.* (2013), «Socialization of early prosocial behavior: Parents' talk about emotions is associated with sharing and helping in toddlers», *Infancy*, vol. 18, n.º 1, pp. 91-119.

— (2016), «Prosocial behavior in infancy: The role of socialization», *Child Development Perspectives*, vol. 10, n.º 4, pp. 222-227.

BRUMMELMAN, E., *et al.* (2016), «The praise paradox: When and why praise backfires children with low self esteem», *Child Development Perspectives*, vol. 10, n.º 2, pp. 111-115.

BURCHINAL, M. R., *et al.* (2002), «Development of academic skills from preschool trough second grade: Family and classroom predictors of developmental trajectories», *Journal of School Psychology*, vol. 40, n.º 5, pp. 415-436.

BUREAU, J. F., *et al.* (2017), «Correlates of child-father and child-mother attachment in the preschool years», *Attachment and Human Development*, vol. 19, n.º 2, pp. 130-150.

BUYSE, E., *et al.* (2009), «Predicting school adjustement in early elementary school: Impact of teacher-child relationship quality and relational climate», *The Elementary School Journal*, vol. 110, n.º 2, pp. 119-141.

— (2011), «Preschoolers' attachment to mother and risk for adjustment problems in kindergarten: Can teachers make a difference?», *Social Development*, vol. 20, n.º 1, pp. 33-50.

CADIMA, J., *et al.* (2015), «Child engagement in the transition to school: Contributions of self-regulation, teacher-child relationships and classroom climate», *Early Childhood Research Quarterly*, vol. 32, n.º 3, pp. 1-12.

CAMERON, C. E., *et al.* (2012), «Fine motor skills and executive function both contribute to kindergarten achievement», *Child Development*, vol. 83, n.º 4, pp. 1229-1244.

CARROLL, J. E., *et al.* (2013), «Chilhood abuse, parental warmth, and adult multisystem biological risk in the coronary artery risk development in young adult study», *Proceedings of the National Academy of Sciences of the USA* (ahora *PNAS*), vol. 110, n.º 42, pp. 17149-17153.

CASPI, A., *et al.* (2006), «Gene-environment interactions in psychiatry: Joining forces with neuroscience», *Nature Reviews. Neuroscience*, vol. 7, n.º 7, pp. 583-590.

CASTILLO, R., *et al.* (2013), «Effects of an emotional intelligence intervention on aggression and empathy among adolescents», *Journal of Adolescence*, vol. 36, n.º 5, pp. 883-892.

CHAMPAGNE, D. L., *et al.* (2008), «Maternal care and hippocampal plasticity: Evidence for experience-dependent structural plasticity, altered synaptic functioning, and differential responsiveness to glucocorticoids and stress», *Journal of Neuroscience*, vol. 28, n.º 23, pp. 6037-6045.

CHAMPAGNE, F. A. (2008), «Epigenetic mechanisms and the transgenerational effects of maternal care», *Frontiers in Neuroendocrinology*, vol. 29, n.º 3, pp. 386-397.

— (2009), «Epigenetic mechanisms mediating the long-term effects of maternal care on development», *Neuroscience Biobehavioral Review*, vol. 33, n.º 4, pp. 593-600.

CHODKIEWICZ, A. R., *et al.* (2016), «Positive psychology school-based interventions: A reflection on current success and future directions», *Review of Education*, vol. 5, n.º 1, pp. 69-86.

CHOI, J., *et al.* (2009), «Preliminary evidence for white matter tract abnormalities in young adults exposed to parental verbal abuse», *Biological Psychiatry*, vol. 65, n.º 3, pp. 227-234.

— (2012), «Reduced fractional anisotropy in the visual limbic pathway of young adults witnessing domestic violence in childhood», *NeuroImage*, vol. 59, n.º 2, pp. 1071-1079.

CHOI, J. Y., *et al.* (2016), «Teacher-Child Relationships: Contribution of Teacher and Child Characteristics», *Journal of Research in Childhood Education*, vol. 30, n.º 1, pp. 15-28.

CIARROCHI, J. V., *et al.* (2000), «A critical evaluation of the emotional intelligence construct», *Personality and Individual Differences*, vol. 28, n.º 3, pp. 539-561.

— (2002), «Emotional intelligence moderates the relationship between stress and mental health», *Personality and Individual Differences*, vol. 32, n.º 2, pp. 197-209.

CLAESSENS, S. E., *et al.* (2011), «Development of individual differences in stress responsiveness: An overview of factors mediating the outcome of early life experiences», *Psychopharmacology*, vol. 214, n.º 1, pp. 141-154.

COELHO, V. A., *et al.* (2016), «The effectiveness of a portuguese elementary school social and emotional learning program», *The Journal of Primary Prevention*, vol. 37, n.º 5, pp. 433-447.

COLCOMBE, S. J., *et al.* (2004), «Cardiovascular fitness, cortical plasticity, and aging», *PNAS*, vol. 101, n.º 9, pp. 3316-3321.

COLLINS, B. A., *et al.* (2017), «Behavior problems in elementary school among low-income boys: The role of teacher-child relationships», *The Journal of Educational Research*, vol. 110, n.º 1, pp. 72-84.

COLMAN, R. A., *et al.* (2006), «Early predictors of self-regulation in middle childhood», *Infant and Child Development*, vol. 15, n.º 4, pp. 421-437.

COMMODARI, E. (2013), «Preschool teacher attachment, school readiness and risk of learning difficulties», *Early Childhood Research Quarterly*, vol. 28, n.º 1, pp. 123-133.

COOPER, B. (2010), «In search of profound empathy in learning relationships: Understanding the mathematics of moral learning environments», *Journal of Moral Education*, vol. 39, n.º 1, pp. 77-99.

COPELAND, W. E., *et al.* (2014), «Childhood bullying involvement predicts low-grade systemic inflammation into adult», *PNAS*, vol. 111, n.º 21, pp. 7570-7575.

CORNELIUS-WHITE, J. (2007), «Learner-centered teacher-student relationships are effective: A meta-analysis», *Review of Educational Research*, vol. 77, n.º 1, pp. 113-143.

CORREIA, K., *et al.* (2016), «Giant Leap 1: A Social and Emotional Learning program's effects on the transition to first grade», *Children and Youth Services Review*, vol. 61, n.º C, pp. 61-68.

COZOLINO, L. (2013), *The Social Neuroscience of Education*, Nueva York, W. W. Norton & Company.

CRITCHLEY, H. D., *et al.* (2004), «Neural systems supporting interoceptive awareness», *Nature Reviews. Neuroscience*, vol. 7, n.º 2, pp. 189-195.

CURBY, T., *et al.* (2013), «Do emotional support and classroom organization earlier in the year set the stage for higher quality instruction?», *Journal of School Psychology*, vol. 51, n.º 1, pp. 557-569.

— (2015), «Associations between preschooler's social-emotional competence and preliteracy skills», *Infant Child Development*, vol. 24, n.º 5, pp. 549-570.

CURLEY, J. P., *et al.* (2011), «Social influences on neurobiology and behavior epigenetics effects during development», *Psychoneuroendocrinology*, vol. 36, n.º 3, pp. 352-371.

DAMASIO, A. (1995), *L'Erreur de Descartes*, París, Odile Jacob. [Trad. cast.: *El error de Descartes*, Barcelona, Destino, 2011.]

DANNLOWSKI, U., *et al.* (2012), «Limbic scars: Long-term consequences of childhood maltreatment revealed by functional and structural magnetic resonance imaging», *Biological Psychiatry*, vol. 71, n.º 4, pp. 286-293.

DAVIDOV, M., *et al.* (2016), «The motivational foundations of prosocial behavior from a developmental perspective-evolutionary roots and key psychological mechanisms: Introduction to the special section», *Child Development*, vol. 87, n.º 6, pp. 1655-1667.

DAVIDSON, R., y B. MCEWEN (2012), «Social influences on neuroplasticity: Stress and interventions to promote well-being», *Nature Reviews. Neuroscience*, vol. 15, n.º 5, pp. 689-695.

DAVIS, S. K., *et al.* (2012), «The influence of emotional intelligence (EI) on coping and mental health in adolescence: Divergent roles for trait andability EI», *Journal of Adolescence*, vol. 35, n.º 5, pp. 1369-1379.

DE BRITO, S. A., *et al.* (2013), «Reduced orbitofrontal and temporal grey matter in a community sample of maltreated children», *Journal of Child Psychology and Psychiatry*, vol. 54, n.º 1, pp. 105-112.

DE DREU, C. K., *et al.* (2016), «Oxytocin conditions intergroup relations through upregulated in-group empathy, cooperation, conformity», *Biological Psychiatry*, vol. 79, n.º 3, pp. 165-173.

DE LAET, S., *et al.* (2015), «Developmental trajectories of children's behavioral engagement in late elementary school: Both teachers and peers matter», *Developmental Psychology*, vol. 51, n.º 9, pp. 1292-1306.

— (2016), «Teacher-student relationships and adolescent behavioral engagement and rule-breaking behavior: The moderating role of dopaminergic genes», *Journal of School Psychology*, n.º 56, pp. 13-25.

DECETY, J. (2015), «The neural pathways, development and functions of empathy», *Current Opinion in Behavioral Science*, n.º 3, pp. 1-6.

DEDOUSSIS-WALLACE, A., *et al.* (2009), «Indirect bullying: Predictors of teacher intervention, and outcome of a pilot educational presentation about impact on adolescent mental health», *Australian Journal of Educational & Developmental Psychology*, n.º 9, pp. 2-17.

DENHAM, S. (2007), «Dealing with feelings: How children negotiate the worlds of emotions and social relationships», *Cognition, Brain, Behaviour*, vol. 11, n.º 1, pp. 1-48.

DENHAM, S., *et al.* (1990), «Young preschoolers' understanding of emotions», *Child Study Journal*, vol. 20, n.º 3, pp. 171-192.

— (2010), «Plays nice with others: Social-emotional learning and academic success», *Early Education & Development*, vol. 21, n.º 5, pp. 652-680.

— (2012), «Social-emotional learning profiles of preschoolers' early school success: A person-centered approach», *Learning and Individual Differences*, vol. 22, n.º 2, pp. 178-189.

DENHAM, S., H. BASSETT y K. ZINSSER (2012), «Early childhood teachers as socializers of young children's emotional competence», *Early Childhood Education Journal*, vol. 40, n.º 3, pp. 137-143.

DI STASIO, M. R., *et al.* (2016), «Social comparison, competition and teacher-student relationships in junior high school classrooms predicts bullying and victimization», *Journal of Adolescence*, n.º 53, pp. 207-226.

DOUMEN, S., *et al.* (2008), «Reciprocal relations between teacher-child conflict and aggressive behavior in kindergarten: A three-wave longitudinal study», *Journal of Clinical Child and Adolescent Psychology*, vol. 37, n.º 3, pp. 588-599.

DOWNER, J., *et al.* (2010), «Teacher-child interactions in the classroom: Toward a theory of within-and-cross-domain links to children's developmental outcomes», *Early Education Development*, vol. 21, n.º 5, pp. 699-723.

DRUMMOND, J., *et al.* (2014), «Here, there and everywhere: Emotion and mental state talk in different social contexts predicts empathic helping in toddlers», *Frontiers in Psychology*, vol. 5, n.º 361, pp. 1-11.

DURLAK, J. A., *et al.* (2011), «The impact of enhancing students' social and emotional learning: A meta-analysis of school-based universal interventions», *Child Development*, vol. 82, n.º 1, pp. 405-432.

— (2015), *Handbook of social and emotional learning: Research and practice*, Nueva York, Guilford Press.

DUVAL, S., *et al.* (2016), «Quality of classroom interactions in kindergarten and executive functions among five year-old children», *Cogent Education*, vol. 3, n.º 1, art. 1207909.

EARLY, D. M., *et al.* (2017), «Quarterly Improving teacher-child interactions: A randomized control trial of making the most of classroom interactions and my teaching partner professional development models», *Early Childhood Research Quarterly*, n.º 38, pp. 57-70.

EISENBERGER, N. (2012), «The neural bases of social pain: Evidence for shared representations with physical pain», *Psychosomatic Medicine*, vol. 74, n.º 2, pp. 126-135.

EISENBERG, N., *et al.* (2006), «Prosocial development», en N. Eisenberg y W. Damon (dir.), *Handbook of Child Psychology*, vol. III, *Social, Emotional and Personality Development*, Nueva York, Wiley, 6.ª ed., pp. 646-718.

— (2009), «Empathic responding: Sympathy and personal distress», en J. Decety, *et al.*, *The Social Neuroscience of Empathy*, Cambridge, MIT Press, pp. 71-83.

— (2010), «Empathy-related responding: Associations with prosocial behavior, aggression, and intergroup relations», *Social Issues and Policy Review*, vol. 4, n.º 1, pp. 143-180.

EISENBERGER, N., y M. LIEBERMAN (2004), «Why rejection hurts: A common neuron alarm system for physical and social pain», *Trends Cognitive Science*, vol. 8, n.º 7, pp. 294-300.

ELIAS, M. J., *et al.* (1997), *Promoting Social and Emotional Learning: Guidelines for Educators*, Alexandria (Virginie), Association for Supervision and Curriculum Development.

ELUVATHINGAL, T. J., *et al.* (2006), «Abnormal brain connectivity in children after early severe socioemotional deprivation: A diffusion tensor imaging study», *Pediatrics*, vol. 117, n.º 6, pp. 2093-2100.

Ercur, D. O. (2009), «How can education professionals become emotionally intelligent?», *Procedia Social and Behavioral Sciences*, vol. 1, n.º 1, pp. 1023-1028.

Everhart, R. (2016), «Teaching tools to improve the development of empathy in service-learning students», *Journal of Higher Education Outreach and Engagement*, vol. 20, n.º 2, p. 129.

Fan, Y., *et al.* (2014), «Early life stress modulates amygdala-prefrontal functional connectivity: Implications for oxytocin effects», *Human Brain Mapping*, vol. 35, n.º 10, pp. 5328-5339.

Fay-Stammbach, T., *et al.* (2014), «Parenting influences on executive function in early childhood: A review», *Child Development Perspective*, vol. 8, n.º 4, pp. 258-264.

Fernández, M. A., *et al.* (2015), «From the clinics to the classrooms: A review of teacher-child interaction training in primary, secondary, and tertiary prevention settings», *Cognitive and Behavorial Practice*, vol. 22, n.º 2, pp. 217-229.

— (2015), «Teacher-child interaction training: A pilot study with random assignment», *Behavior Therapy*, vol. 46, n.º 4, pp. 463-477.

Ferrando, M., *et al.* (2011), «Trait emotional intelligence and academic performance: Controlling for the effects of IQ, personality, and self-concept», *Journal of Psychoeducational Assessment*, vol. 29, n.º 2, pp. 150-159.

Ferrier, D. E., *et al.* (2014), «Relations between executive function and emotionality in preschoolers: Exploring a transitive cognition-emotion linkage», *Frontiers in Psychology*, vol. 27, n.º 5, p. 487.

FREDRICKSON, B. L. (2001), «The role of positive emotions in positive psychology: The broaden-and-build theory of positive emotions», *American Psychologist*, vol. 56, n.º 3, pp. 218-226.

FRODL, T., *et al.* (2010), «Interaction of childhood stress with hippocampus and prefrontal cortex volume reduction in major depression», *Journal of Psychiatric Research*, vol. 44, n.º 13, pp. 799-807.

GAMBONE, M. A., *et al.* (2002), *Finding out What Matters for Youth: Testing Key Links in a Community Action Framework for Youth Development*, Filadelfia, Youth Development Strategies Inc./Institute for Research and Reform Education.

GARANDEAU, C. F., *et al.* (2016), «School bullies' intention to change behavior following teacher interventions: Effects of empathy arousal, condemning of bullying, and blaming», *Prevention Science*, vol. 17, n.º 8, pp. 1034-1043.

GEE, D. G., *et al.* (2014), «Maternal buffering of human amygdala-prefrontal circuitry during childhood but not during adolescence», *Psychological Science*, vol. 25, n.º 11, pp. 2067-2078.

— (2016), «Sensitive periods of emotion regulation: Influences of parental care on frontoamygdala circuitry and plasticity», en H. Rutherford y L. Mayes (dir.), *Maternal brain plasticity: Preclinical and human research and implications for intervention*, San Francisco, Jossey-Bass, col. «New Directions for Child and Adolescent Development», n.º 153, pp. 87-110.

GEORGE, J. M. (2000), «Emotions and leadership: The role of emotional intelligence», *Human Relations*, vol. 53, n.º 8, pp. 1027-1055.

GERDES, K. E., *et al.* (2011), «Teaching empathy: A framework rooted in social cognitive neuroscience and social justice», *Journal of Social Work Education*, vol. 47, n.º 1, pp. 109-131.

GHASSABIAN, A., *et al.* (2013), «Infant brain structures, executive function, and attention deficit/hyperactivity problems at preschool age: A prospective study», *Journal of Child Psychology and Psychiatry*, vol. 54, n.º 1, pp. 96-104.

GIANAROS, P. J., *et al.* (2007), «Perigenual anterior cingulate morphology covaries with perceived social standing», *Social Cognitive and Affective Neuroscience*, vol. 2, n.º 3, pp. 161-173.

— (2013), «Inflammatory pathways link socioeconomic inequalities to white matter architecture», *Cerebral Cortex*, vol. 23, n.º 9, pp. 2058-2071.

GINOTT, H. M. (1965), *Between Parent and Child*, Nueva York, Three Rivers Press. [Trad. cast.: *Entre padres e hijos*, Barcelona, Medici, 2005.]

GLEASON, K. A., *et al.* (2009), «The role of empathic accuracy in adolescents'peer relations and adjustement», *Personality and Social Psychology Bulletin*, vol. 35, n.º 8, pp. 997-1011.

GONG, P., *et al.* (2017), «Revisiting the impact of OXTR rs53576 on empathy: A population-based study and a meta-analysis», *Psychoneuroendocrinology*, n.º 80, pp. 131-136.

GOROSHIT, M., *et al.* (2014), «Does emotional self-effi-cacy predict teachers' self-efficacy and empathy?», *Journal of Education and Training Studies*, vol. 2, n.º 3, pp. 26-32.

— (2016), «Teachers' empathy: Can it be predicted by self-efficacy?», *Teachers and Teaching: Theory and Prac-tice*, vol. 22, n.º 7, pp. 805-818.

GRAZZANI, I., *et al.* (2016), «How to foster Toddler's mental-state talk, emotion understanding and proso-cial behavior: A conversation-based intervention at nursery school», *Infancy*, vol. 21, n.º 2, pp. 199-227.

GREENBERGER. M. T., *et al.* (2003), «Enhancing school-based prevention and youth development through coordinated social, emotional, and academic lear-ning», *The American Psychologist*, vol. 58, n.ºs 6-7, pp. 466-474.

— (2006), «Promoting resilience in children and youth», *Annals of Ten New York Academy of Science*, n.º 1094, pp. 139-150.

GRIESE, E. R., *et al.* (2016), «Peer victimization and prosocial behavior trajectories: Exploring sources of resilience for victims», *Journal of Applied Develop-mental Psychology*, n.º 44, pp. 1-11.

GROSS, J. (dir.) (2007), *Handbook of Emotion Regulation*, Nueva York, Guilford Press.

GUASTELLA, A. J. (2008), «Oxytocin increase gaze to the eye region in human faces», *Biological Psychiatry*, vol. 63, n.º 1, pp. 3-5.

GUNDERSON, E. A., *et al.* (2013), «Parent praise to 1-3 year-olds predicts children's motivational frameworks 5 years later», *Child Development*, vol. 84, n.º 5, pp. 1526-1541.

HABIB, K., *et al.* (2001), «Neuroendocrinology of stress. Endocrinology and metabolism», *Clinics of North America*, vol. 30, n.º 3, pp. 695-728.

HACKMAN, D. A., *et al.* (2010), «Socioeconomic status and the brain, mechanistic insights from human and animal research», *Nature Reviews. Neuroscience*, vol. 11, n.º 9, pp. 651-659.

HAMRE, B. K , *et al.* (2001), «Early teacher-child relationships and the trajectory of children's school outcomes through eighth grade», *Child Development*, vol. 72, n.º 2, pp. 625-638.

— (2008), «Teacher's perceptions of conflict with young students: Looking behond problems behaviors», vol. 17, n.º 1, pp. 115-136.

— (2013), «Teaching through interactions. Testing a developmental framework of teacher effectiveness in over 4,000 classrooms», *The Elementary School Journal*, vol. 113, n.º 4.

HANSON, J., *et al.* (2010), «Early stress is associated with alterations in the orbitofrontal cortex: A tensor-based morphometry investigation of brain structure and behavioral risk», *Journal of Neuroscience*, vol. 30, n.º 22, pp. 7466-7472.

— (2013), «Early neglect is associated with alterations in white matter integrity and cognitive functioning», *Child Development*, vol. 84, n.º 5, pp. 1566-1578.

— (2015), «Behavioral problems after early life stress: Contributions of the hippocampus and amygdala», *Biological Psychiatry*, vol. 77, n.º 4, pp. 314-323.

HATFIELD, B. E., *et al.* (2016), «Thresholds in the association between quality of teacher-child interactions and preschool children's school readiness», *Early Childhood Research Quarterly*, n.º 36, pp. 561-571.

HATTIE, J. (2009), *Visible Learning: A Synthesis of Over 800 Meta-Analyses Relating to Achievement*, Londres, Routledge.

HAWKLEY, L., *et al.* (2003), «Loneliness in everyday life: Cardiovascular activity, psychosocial context and health behavio», *Journal of Personality and Social Psychology*, vol. 85, n.º 1, pp. 105-120.

HECKER, T., *et al.* (2016), «Harsh discipline relates to internalizing problems and cognitive functioning: Findings from a cross-sectional study with scholl children in Tanzania», *BMC Psychiatry*, vol. 16, n.º 118, pp. 1-9.

HECKMANN, J. J., y D. V. MASTEROV (2007), «The productivity argument for investing in young children: Applied economic perspectives and policy», *Review of Agricultural Economics*, vol. 29, n.º 3, pp. 446-493.

HEIN, G., *et al.* (2016), «How learning shapes the empathic brain», *PNAS*, vol. 113, n.º 1, pp. 80-85.

HEIN, T. C., *et al.* (2017), «Research review: Neural response to threat in children, adolescents, and adults after child maltreatment – a quantitative meta-analysis», *Journal of Child Psychology and Psychiatry*, vol. 58, n.º 3, pp. 222-230.

HENDRICKX, M. M. H. G., *et al.* (2016), «Social dynamics in the classroom: Teacher support and conflict and the peer ecology», *Teaching and Teacher Education*, n.º 53, pp. 30-40.

HERNÁNDEZ, M. M., *et al.* (2016), «Emotional expression in school context, social relationships, and academic adjustment in kindergarten», *Emotion*, vol. 16, n.º 4, pp. 553-556.

HIGH, P. C., y Committee on Early Childhood, Adoption and Dependent Care & Council on School Health (2008), «School readiness», *Pediatrics*, vol. 121, n.º 4, pp. 1008-1015.

HÖLZEL, B. K., *et al.* (2010), «Stress reduction correlates with structural changes in the amygdala», *Social Cognitive Affective Neuroscience*, vol. 5, n.º 1, pp. 11-17.

— (2011), «Mindfulness practice leads to increases in regional brain gray matter density», *Psychiatry Research*, vol. 191, n.º 1, pp. 36-43.

— (2013), «Neural mechanisms of symptom improvements in generalized anxiety disorder following mindfulness training», *NeuroImage Clinical*, n.º 2, pp. 448-458.

HORNOR, G. (2012), «Emotional maltreatment», *Journal of Pediatric Health Care*, vol. 26, n.º 6, pp. 436-442.

HOWELL, A., *et al.* (2014), «Exploring the social validity of teacher praise notes in elementary school», *Journal of Classroom Interaction*, vol. 49, n.º 2, pp. 22-32.

HOWES, C., *et al.* (2008), «Ready to learn? Children's pre-academic achievement in pre-kindergarten programs», *Early Childhood Research Quarterly*, vol. 23, n.º 1, pp. 27-50.

HUANG, H., *et al.* (2012), «White matter disruptions in adolescents exposed to childhood maltreatment and vulnerability to psychopathology», *Neuropsychophar-macology*, vol. 37, n.º 12, pp. 2693-2701.

HUGHES, J. N., *et al.* (2006), «Classroom engagement mediates the effect of teacher-student support on elementary students' peer acceptance: A prospective analysis», *Journal of School Psychology*, vol. 43, n.º 6, pp. 465-480.

— (2012), «Teacher-student relationships and school adjustment: Progress and remaining challenges», *Attachement & Human Development*, vol. 14, n.º 3, pp. 319-327.

— (2016), «Teacher-student relationship and peer disliking and liking across grades 1-4», *Child Development*, vol. 87, n.º 2, pp. 593-611.

IAOSANURAK, C., *et al.* (2016), «Social and emotional learning around technology in a cross-cultural, elementary school», *Education and Information Technology*, vol. 21, n.º 6, pp. 1639-1663.

IRIGARAY, T. Q., *et al.* (2013), «Child maltreatment and later cognitive functioning: A systematic review», *Psicologia: Reflexão e Crítica*, vol. 26, n.º 2, pp. 376-387.

JAWORSKA, N., *et al.* (2015), «Adolescence as a unique developmental period», *Journal of Psychiatry & Neuroscience*, vol. 40, n.º 5, pp. 291-293.

JONES, D. E., *et al.* (2015), «Early social-emotional functioning and public health: The relationship between kindergarten social competence and future wellness», *American Journal of Public Health*, vol. 105, n.º 11, pp. 2283-2290.

Joseph, D. L., *et al.* (2010), «Emotional intelligence: An integrative meta-analysis and cascading model», *Journal of Applied Psychology*, vol. 95, n.º 1, pp. 54-78.

Kendziora, K., *et al.* (2016), «Promoting children's and adolescents' social and emotional development: District adaptations of a theory of action», *Journal of Clinical Child and Adolescent Psychology*, vol. 45, n.º 6, pp. 797-811.

Khundrakpam, B. S. (2016), «Brain connectivity in normally developing children and adolescents», *NeuroImage*, n.º 134, pp. 192-203.

Kida, T. (2013), «Gentle touch activates the prefrontal cortex in infancy: An NIRS study», *Neuroscience Letters*, n.º 541, pp. 63-66.

Klimecki, O. M., *et al.* (2014), «Differential pattern of functional brain plasticity after compassion and empathy training», *Social Cognitive and Affective Neuroscience*, vol. 9, n.º 6, pp. 873-879.

Klingbeil, D. A., *et al.* (2017), «Effects of mindfulness-based interventions on disruptive behavior: A meta-analysis of single-case research», *Psychology in the Schools*, vol. 54, n.º 1, pp. 70-87.

Kluen, M. K., *et al.* (2017), «Impact of stress and glucocorticoids on schema-based learning», *Neuropsychopharmacology*, vol. 42, n.º 6, pp. 1254-1261.

Koenigsberg, H., *et al.* (2010), «Neural correlates of using distancing to regulate emotional responses to social situations», *Neuropsychologia*, vol. 48, n.º 6, pp. 1813-1822.

Kok, R., *et al.* (2014), «Parenting, corpus callosum, and executive function in preschool children», *Child Neuropsychology*, vol. 20, n.º 5, pp. 583-606.

— (2015), «Normal variation in early parental sensitivity predicts child structural brain development», *Journal of the American Academy of Child and Adolescent Psychiatry*, vol. 54, n.º 10, pp. 824-831.

Kokkinos, C. M., *et al.* (2012), «The relationship between bullying, victimization, trait emotional intelligence, self-efficacy and empathy among preadolescents», *Social Psychology of Education*, vol. 15, n.º 1, pp. 41-58.

Kolb, B., *et al.* (2014), «Searching for the principles of brain plasticity and behavior», *Cortex*, n.º 58, pp. 251-260.

Konold, T., *et al.* (2015), «Measurement and structural relations of an authoritative school climate model: A multi-level latent variable investigation», *Journal of School Psychology*, vol. 53, n.º 6, pp. 447-461.

Konrad, K., *et al.* (2013), «Brain development during adolescence», *Deutsches Ärzteblatt International*, vol. 110, n.º 25, pp. 425-431.

Krugers, H. J., *et al.* (2017), «Early life adversity: Lasting consequences for emotional learning», *Neurobiology of Stress*, n.º 6, pp. 14-21.

Kundakovic, M., *et al.* (2013), «Sex-specific and strain-dependent effects of early life adversity on behavioral and epigenetic outcomes», *Frontiers in Psychiatry*, vol. 4, n.º 78.

Kurki, K., *et al.* (2016), «How teachers co-regulate children's emotions and behaviour in socio-emotionally challenging situations in day-care settings», *International Journal of Educational Research*, n.º 76, pp. 76-88.

LAMBLIN, M., *et al.* (2017), «Social connectedness, mental health and the adolescent brain», *Neuroscience and Biobehavioral Reviews*, vol. 12, n.º 80, pp. 57-68.

LANDRY, S. H., *et al.* (2008), «A responsive parenting intervention: The optimal timing across early childhood for impacting maternal behaviors and child outcomes», *Developmental Psychology*, vol. 44, n.º 5, pp. 1335-1353.

LEE, S. W., *et al.* (2015), «Aberrant function of frontoamygdala circuits in adolescents with previous verbal abuse experiences», *Neuropsychologia*, n.º 79, pp. 76-85.

LEI, H., *et al.* (2016), «Affective teacher-student relationships and students' externalizing behavior problems: A meta-analysis», *Frontiers in Psychology*, vol. 7, n.º 1311, pp. 1-12.

LEONARD, M. A., *et al.* (2011), «The role of pragmatic language use in mediating the relation between hyperactivity and inattention and social skills problems», *Journal of Speech, Language and Hearing Research*, vol. 54, n.º 2, pp. 567-579.

LEVY PALUCK, E., *et al.* (2016), «Changing climates of conflict: A social network experiment in 56 schools», *PNAS*, vol. 113, n.º 3, pp. 566-571.

LISTON, C., *et al.* (2009), «Psychosocial stress reversibly disrupts prefrontal processing and attentional control», *PNAS*, vol. 106, n.º 3, pp. 912-917.

Lopes, P. N., *et al.* (2005), «Emotion regulation abilities and the quality of social interaction», *Emotion*, vol. 5, n.º 1, pp. 113-118.

Love, T. (2014), «Oxytocin, motivation and the role of dopamine», *Pharmacology, Biochemistry and Behavior*, n.º 119, pp. 49-60.

Lowenstein, A. E., *et al.* (2015), «School climate, teacher-child closeness, and low-income children's academic skills in kindergarten», *Journal of Educational and Developmental Psychology*, vol. 5, n.º 2, pp. 89-108.

Luby, J. L., *et al.* (2012), «Maternal support in early childhood predicts larger hippocampal volumes at school age», *PNAS*, vol. 109, n.º 8, pp. 2854-2859.

— (2016), «Preschool is a sensitive period for the influence of maternal support on the trajectory of hippocampal development», *PNAS*, vol. 113, n.º 20, pp. 5742-5747.

Lucariello, J. M., *et al.* (2016), «Science supports education: The behavioral research base for psychology's top 20 principles for enhancing teaching and learning», *Mind, Brain, and Education*, vol. 10, n.º 1, pp. 55-67.

Lucassen, N., *et al.* (2015), «Executive functions in early childhood: The role of maternal and paternal parenting practices», *British Journal of Developmental Psychology*, vol. 33, n.º 4, pp. 489-505.

Luders, E., *et al.* (2007), «Positive correlations between corpus callosum thickness and intelligence», *Neuro Image*, vol. 37, n.º 4, pp. 1457-1464.

MacDonald, E., *et al.* (2011), «A review of safety, side-effects and subjective reactions to intranasal oxytocin in human research», *Psychoneuroendocrinology*, vol. 36, n.º 8, pp. 1114-1126.

Majer, M., *et al.* (2010), «Association of childhood trauma with cognitive function in healthy adults: A pilot study», *BMC Neurology*, vol. 10, n.º 61.

Malti, T., *et al.* (2016), «School-based interventions to promote empathy-related responding in children and adolescents: A developmental analysis», *Journal of Clinical Child & Adolescent Psychology*, vol. 15, n.º 6, pp. 718-731.

Mann, T. D., *et al.* (2017), «Pathways to school readiness: Executive functioning predicts academic and social-emotional aspects of school readiness», *Mind, Brain, and Education*, vol. 11, n.º 1, pp. 21-31.

Markham, J. A. (2004), «Experience-driven brain plasticity: Beyond the synapse», *Neuron Glia Biology*, vol. 1, n.º 4, pp. 351-363.

Martínez, L. (2016), «Teachers' voices on social emotional learning: Identifying the conditions that make implementation possible», *The International Journal of Emotional Education*, vol. 8, n.º 2, pp. 6-24.

Mashburn, A. J., *et al.* (2008), «Measures of classroom quality in prekindergarten and children's development of academic, language, an social skills», *Child Development*, vol. 79, n.º 3, pp. 732-749.

Matsudaira, I., *et al.* (2016), «Parental praise correlates with posterior insular cortex gray matter volume in children and adolescents», *PLOS ONE*, vol. 11, n.º 4, pp. 1-11.

MAUREL, O. (2009), *Oui, la nature humaine est bonne. Comment la violence éducative ordinaire la pervertit depuis des millénaires*, París, Robert Laffont.

— (2012), *La Violence éducative: Un trou noir dans les sciences humaines*, Breuillet, Éditions L'Instant présent.

— (2015), *La Fessée. Questions sur la violence éducative*, París, La Plage.

MAYER, J. D., *et al.* (2008), «Human abilities: Emotional intelligence», *Annual Review of Psychology*, n.º 59, pp. 507-536.

McCRORY, E. J., *et al.* (2017), «Annual research review: Childhood maltreatment, latent vulnerability and the shift to preventive psychiatry: The contribution of functional brain imaging», *Journal of Child Psychology and Psychiatry*, vol. 58, n.º 4, pp. 338-357.

McEWEN, B., *et al.* (2015), «Mechanisms of stress in brain», *Nature Reviews. Neuroscience*, vol. 18, n.º 10, pp. 1353-1363.

— (2016), «In pursuit of resilience: Stress, epigenetics and brain plasticity», *Annals of the New York Academy of Sciences*, vol. 1373, n.º 1, pp. 56-64.

— (2016), «Stress effects on neuronal structure: Hippocampus, amygdala, and prefrontal cortex», *Neuropsychopharmacology*, vol. 41, n.º 1, pp. 3-23.

McGOWAN, P. O., *et al.* (2009), «Epigenetic regulation of the glucocorticoid receptor in human brain associates with childhood abuse», *Nature Reviews. Neuroscience*, vol. 12, n.º 3, pp. 342-348.

McINTYRE, L. L. (2017), «A brief measure of language skills at 3 years of age and special education use in middle childhood», *The Journal of Pediatrics*, n.º 181, pp. 189-194.

McLaughlin, K., *et al.* (2014), «Childhood adversity and neural development: Deprivation and threat as distinct dimensions of early experience», *Neuroscience and Biobehavorial Reviews*, n.º 47, pp. 578-591.

Meaney, M. J., *et al.* (1989), «Neonatal handling alters adrenocortical negative feedback sensitivity and hippocampal type II glucocorticoid receptor binding in the rat», *Neuroendocrinology*, vol. 50, n.º 5, pp. 597-604.

— (1996), «Early environmental regulation of forebrain glucocorticoid receptor gene expression: Implications for adrenocortical responses to stress», *Developmental Neuroscience*, vol. 18, n.ºs 1-2, pp. 49-72.

— (2001), «Maternal care, gene expression and the transmission of individual differences in stress reactivity across generations», *Annual Review of Neuroscience*, n.º 24, pp. 1161-1192.

— (2004), «Epigenetic programming by maternal behavior», *Nature Reviews. Neuroscience*, vol. 7, n.º 8, pp. 847-854.

— (2005), «Maternal care as a model for experience-dependent chromatin plasticity?», *Trends in Neurosciences*, vol. 28, n.º 9, pp. 456-463.

— (2009), «Epigenetic regulation of the glucocorticoid receptor in human brain associates with childhood abuse», *Nature Reviews. Neuroscience*, vol. 12, n.º 3, pp. 342-348.

— (2010), «Epigenetics and the biological definition of gene X environment interactions», *Child Development*, vol. 81, n.º 1, pp. 41-79.

MERZ, E. C., *et al.* (2016), «Bidirectional associations between parental responsiveness and executive function during early childhood», *Social Development*, vol. 26, n.º 3, pp. 591-609.

MESMAN, J., *et al.* (2012), «Unequal in opportunity, equal in process: Parental sensitivity promotes positive child development in ethnic minority families», *Child Development Perspectives*, vol. 6, n.º 3, pp. 239-250.

MEYER, D. K., *et al.* (2002), «Discovering emotions in classroom motivation research», *Educational Psychologist*, vol. 37, n.º 2, pp. 107-114.

MICHALSKA, K., *et al.* (2014), «Genetic imaging of the association of oxytocin receptor gene (OXTR) polymorphisms with positive maternal parenting», *Frontiers in Behavioral Neuroscience*, vol. 8, n.º 21, pp. 1-10.

MILATZ, A., *et al.* (2015), «Teachers' relationship closeness with students as a resource for teacher wellbeing: A response surface analytical approach», *Frontiers in Psychology*, vol. 6, n.º 1949, pp. 1-16.

MINAGAWA-KAWAI, Y., *et al.* (2009), «Prefrontal activation associated with social attachment: Facial-emotion recognition in mothers and infants», *Cerebral Cortex*, vol. 19, n.º 2, pp. 284-292.

MORELLI, S., *et al.* (2014), «The neural components of empathy: Predicting daily prosocial behavior», *Social Cognitive and Affective Neuroscience*, vol. 9, n.º 1, pp. 39-47.

MOUTSANIA, C., *et al.* (2015), «Insecure attachment during infancy predicts greater amygdala volumes in early adulthood», *Journal of Child Psychology and Psychiatry*, vol. 56, n.º 5, pp. 540-548.

MOZHAN, M. A., *et al.* (2013), «The influence of emotional intelligence on academic achievement», *Procedia. Social and Behavioral Sciences*, n.º 90, pp. 303-312.

NATHANSON, L., *et al.* (2016), «Creating emotionally intelligent schools with RULER», *Emotion Review*, vol. 8, n.º 4, pp. 305-310.

NEWTON, E. K., *et al.* (2016), «Individual differences in toddlers' prosociality: Experiences in early relationships explain variability in prosocial behavior», *Child Development*, vol. 87, n.º 6, pp. 1715-1726.

NOBLE, K. G., *et al.* (2007), «Socioeconomic gradients predict individual differences in neurocognitive abilities», *Developmental Science*, vol. 10, n.º 4, pp. 464-480.

OBERMAN, L. (2013), «Changes in plasticity across the life-span: Cause of disease and target for intervention», *Progress in Brain Research*, n.º 207, pp. 91-120.

O'CONNOR, E., *et al.* (2012), «Behavior problems in late childhood: The antecedent roles of early maternal attachment and teacher-child relationship trajectories», *Attachment and Human Development*, vol. 14, n.º 3, pp. 265-288.

ORNAGHI, V., *et al.* (2014), «Enhancing social cognition by training children in emotion understanding: A primary school study», *Journal of Experimental Child Psychology*, n.º 119, pp. 26-39.

Owen, D. J., *et al.* (2012), «The effect of praise, positive nonverbal response, reprimand, and negative nonverbal response on child compliance: A systematic review», *Clinical Child and Family Psychology Review*, vol. 15, n.º 4, pp. 364-385.

Paulus, M. (2014), «The emergence of prosocial behavior: Why do infants and toddlers help, comfort, and share?», *Child Development Perspectives*, vol. 8, n.º 2, pp. 77-81.

Penrose, A., *et al.* (2007), «Emotional intelligence and teacher-efficacy: The contribution of teacher status and length experiences», *Issues in Educational Research*, vol. 17, n.º 1, pp. 20-34.

Pesu, L. (2016), «The role of parents' and teachers' beliefs in children's self-concept development», *Journal of Applied Developmental Psychology*, n.º 44, pp. 63-71.

Pianta, R. C. (dir.) (1992), «Beyond the parent: The role of other adults in children's lives», *New Directions for Child Development*, n.º 57.

Pianta, R. C., *et al.* (2003), «Relationships between teachers and children», en W. Reynolds, y G. Miller (dir.), *Handbook of Psychology*, vol. VII, *Educational Psychology*, Hoboken, John Wiley & Sons, pp. 199-234.

— (2004), «Teacher-child relationships and children's success in the first years of school», *School Psychology Review*, vol. 33, n.º 3, pp. 444-458.

— (2008), *Classroom Assessment Scoring System (CLASS) Manual Pre-K*, Baltimore, Paul H. Brookes.

POLCARI, A., *et al.* (2014), «Parental verbal affection and verbal aggression in childhood differentially influence psychiatric symptoms and well-being in young adulthood», *Child Abuse and Neglect*, vol. 38, n.º 1, pp. 91-102.

PONITZ, C. C., *et al.* (2007), «A structured observation of behavioral self-regulation and its contribution to kindergarten outcomes», *Developmental Psychology*, vol. 45, n.º 3, pp. 605-619.

POWELL, J. L., *et al.* (2010), «Orbital prefrontal cortex volume correlates with social cognitive competence», *Neuropsychologia*, vol. 48, n.º 12, pp. 3554-3562.

QUIRIN, M., *et al.* (2010), «Adult attachment insecurity and hippocampal cell density», *Social Cognitive Affective Neuroscience*, vol. 5, n.º 1, pp. 39-47.

RAJENDRAN, K., *et al.* (2016), «Parenting style influences bullying: A longitudinal study comparing children with and without behavioral problems», *Journal of Child Psychology and Psychiatry*, vol. 57, n.º 2, pp. 188-195.

RIFKIN-GRABOI, A., *et al.* (2015), «Maternal sensitivity, infant limbic structure volume and functional connectivity: A preliminary study», *Translational Psychiatry*, vol. 5, n.º e668, pp. 1-12.

RILEY, P., *et al.* (2012), «Investigating teachers' explanations for aggressive classroom discipline strategies in China and Australia», *Educational Psychology*, vol. 32, n.º 3, pp. 389-403.

RIMM-KAUFMAN, S. E., *et al.* (2015), «SEL in elementary school settings: Identifying mechanisms that matter», en J. Durlak, y R. P. Weissberg (dir.), *The*

Handbook of Social and Emotional Learning, Nueva York, The Guilford Press, pp. 151-166.

ROBERTS, A. M., *et al.* (2015), «Individual and contextual factors associated with pre-kindergarten teachers' responsiveness to the MyTeachingPartner coaching intervention», *Prevention Science*, vol. 16, n.º 8, pp. 1044-1054.

ROGERS, C. (2005), *Le Développement de la personne*, París, Dunod.

RUZEK, E. A., *et al.* (2016), «How teacher emotional support motivates students: The mediating roles of perceived peer relatedness, autonomy support, and competence», *Learning and Instruction*, n.º 42, pp. 95-103.

SABOL, T. J., *et al.* (2012), «Recent trends in research on teacher-child relationships», *Attachment and Human Development*, vol. 14, n.º 3, pp. 213-231.

SAHIN, M. (2012), «An investigation into the efficiency of empathy training program on preventing bullying in primary schools», *Children and Youth Services Review*, vol. 34, n.º 7, pp. 1325-1330.

SANDI, C., *et al.* (2015), «Stress and the social brain: Behavioural effects and neurobiological mechanisms», *Nature Reviews. Neuroscience*, vol. 16, n.º 5, pp. 290-304.

SCHMITZ, M., *et al.* (2016), «Sozial-emotionale Kompetenz», *Kindheit und Entwicklung*, vol. 25, n.º 2, pp. 114-121.

SCHNEIDER, M. (2008), «Puberty as a highly vulnerable developmental period for the consequences of cannabis exposure», *Addiction Biology*, vol. 13, n.º 2, pp. 253-263.

SCHNEIDER, S., *et al.* (2012), «Maternal interpersonal affiliation is associated with adolescents' brain structure and reward processing», *Translational Psychiatry*, vol. 2, e182.

SCHONFELD, D. J., *et al.* (2015), «Cluster-randomized trial demonstrating impact on academic achievement of elementary social-emotional learning», *School Psychology Quarterly*, vol. 30, n.º 3, pp. 406-420.

SCHORE, A. (1994), *Affect Regulation and the Origin of the Self: The Neurobiology of Emotional Development*, Hillsdale / Hove, L. Erlbaum.

SCHUNK, D. H. (2005), «Commentary on self-regulation in school contexts», *Learning and Instruction*, vol. 15, n.º 2, pp. 173-177.

SEMPER, J. V., *et al.* (2016), «Adolescent emotional maturation through divergent models of brain organization», *Frontiers in Psychology*, vol. 7, n.º 1263, pp. 1-12.

SHALEV, I., *et al.* (2013), «Stress and telomere biology: A life-span perspective», *Psychoneuroendocrinology*, vol. 38, n.º 9, pp. 1835-1842.

SHAMAY-TSOORY, S. G. (2011), «The neural bases of empathy», *Neuroscientist*, vol. 17, n.º 1, pp. 18-24.

SHECHTMAN, Z., *et al.* (2016), «Teachers treat agressive children: An outcome study», *Teaching and Teacher Education*, n.º 58, pp. 28-34.

SHEIKH, H. I., *et al.* (2014), «Links between white matter microstructure and cortisol reactivity to stress in early childhood: Evidence for moderation by parenting», *NeuroImage Clinical*, n.º 6, pp. 77-85.

SHIMADA, K., *et al.* (2015), «Reduced visual cortex grey matter volume in children and adolescents with reactive attachment disorder», *NeuroImage Clinical*, n.º 9, pp. 13-19.

SILVER, R. B., *et al.* (2005), «Trajectories of classroom externalizing behavior: Contributions of child characteristics, family characteristics, and the teacher-child relationship during the school transition», *Journal of School Psychology*, vol. 43, n.º 1, pp. 39-60.

SKALICKA, V., y J. BELSKY (2015), «Preschool-age problem behavior and teacher-child conflict in school: Direct and moderation effects by preschool organization», *Child Development*, vol. 86, n.º 3, pp. 955-964.

— (2015), «Reciprocal relations between student-teacher relationship and children's behavioral problems: Moderation by child-care group size», *Child Development*, vol. 86, n.º 5, pp. 1557-1570.

SPILT, J. L., *et al.* (2011), «Teacher well-being: The importance of teacher-student relationships», *Educational Psychology Review*, vol. 23, n.º 4, pp. 457-477.

— (2016), «The socio-behavioral development of children with symptoms of attachment disorder: An observational study of teacher sensitivity in special education», *Research in Developmental Disabilities*, n.º 56, pp. 71-82.

STEFAN, C. A., *et al.* (2016), «The multifaceted role of attachment during preschool: Moderator of its indirect effect on empathy through emotion regulation», *Early Child Development and Care*, 2 nov. 2016, pp. 1-15.

Sunderland, M. (2006), *Un enfant heureux*, París, Pearson Education France.

Swenson, S., *et al.* (2016), «Parents' use of praise and criticism in a sample of young children seeking mental health services», *Journal of Pediatric Health Care*, vol. 30, n.° 1, pp. 49-56.

Szyf, M., *et al.* (2008), «The social environment and the epigenome», *Environmental and Molecular Mutagenesis*, vol. 49, n.° 1, pp. 46-60.

Tang, Y. Y., *et al.* (2015), «The neuroscience of mindfulness meditation», *Nature Reviews. Neuroscience*, vol. 16, n.° 4, pp. 213-225.

Taylor, C., *et al.* (2016), «Examining ways that a mindfulness-based intervention reduces stress in public school teachers: A mixed-methods study», *Mindfulness*, vol. 7, n.° 1, pp. 115-129.

Taylor, S. E. (2010), «Mechanisms linking early life stress to adult health outcomes», *PNAS*, vol. 107, n.° 19, pp. 8507-8512.

Teding van Berkhout, E., *et al.* (2016), «The efficacy of empathy training: A meta-analysis of randomized controlled trials», *Journal of Counseling Psychology*, vol. 63, n.° 1, pp. 32-41.

Teicher, M. H., *et al.* (2012), «Childhood maltreatment is associated with reduced volume in the hippocampal subfields CA3, dentate gyrus, and subiculum», *PNAS*, vol. 109, n.° 9, E563-E572.

— (2014), «Childhood maltreatment: Altered network centrality of cingulate, precuneus, temporal pole and insula», *Biological Psychiatry*, vol. 76, n.° 4, pp. 297-305.

— (2016), «Annual research review: Enduring neuro-biological effects of childhood abuse and neglect», *Journal of Child Psychology and Psychiatry*, vol. 57, n.º 3, pp. 241-266.

— (2016), «The effects of childhood maltreatment on brain structure, function and connectivity», *Nature Reviews. Neuroscience*, vol. 17, n.º 10, pp. 652-666.

Telzer, E. H., *et al.* (2014), «Adolescents' emotional competence is associated with parents' neural sensitivity to emotions», *Frontiers in Human Neuroscience*, vol. 8, n.º 558, pp. 1-12.

Tettegah, S., *et al.* (2007), «Pre-service teachers' empathy and cognitions: Statistical analysis of text data by graphical models», *Contemporary Educational Psychology*, vol. 32, n.º 1, pp. 48-82.

Tomoda, A., *et al.* (2009), «Reduced prefrontal cortical gray matter volume in young adults exposed to harsh corporal punishment», *NeuroImage*, vol. 47, supl. 2, pp. 66-71.

— (2011), «Exposure to parental verbal abuse is associated with increased gray matter volume in superior temporal gyrus», *NeuroImage*, vol. 54, supl. 1, pp. 280-286.

— (2012), «Reduced visual cortex gray matter volume and thickness in young adults who witnessed domestic violence during childhood», *PLOS ONE*, vol. 7, n.º 12, e52528.

Tursz, A., y P. Gerbouin-Rérolle (2008), *Enfants maltraités. Les chiffres et leur base juridique en France*, Cachan, Éditions médicales internationales.

Upshaw, M. B., *et al.* (2015), «Parents empathetic perspective taking and altruistic behavior predicts infants' arousal to others' emotions», *Frontiers in Psychology*, vol. 6, n.º 360, pp. 1-33.

Van Bodegom, M., *et al.* (2017), «Modulation of the Hypothalamic-Pituitary-Adrenal Axis by early life stress exposure», *Frontiers in Cellular Neuroscience*, vol. 11, n.º 87.

Van Duijvenvoorde, A. C., *et al.* (2015), «Testing a dual-systems model of adolescent brain development using resting-state connectivity analyses», *NeuroImage*, n.º 124, part. A, pp. 409-420.

Van Harmelen, A.-L., *et al.* (2010), «Reduced medial prefrontal cortex volume in adults reporting childhood emotional maltreatment», *Biological Psychiatry*, vol. 68, n.º 9, pp. 832-838.

— (2014a), «Childhood Emotional Maltreatment Severity Is Associated with Dorsal Medial Prefrontal Cortex Responsivity to Social Exclusion in Young Adults», *PLOS ONE*, vol. 9, n.º 1, pp. 1-11.

— (2014b), «Hypoactive medial prefrontal cortex functionning in adults reporting childhood emotional maltreatment», *Social Cognitive and Affective Neuroscience*, vol. 9, n.º 12, pp. 2026-2033.

Verschueren, K., *et al.* (2012), «Relationships with mother, teacher, and peers: Unique and joint effects on young children's self-concept», *Attachment and Human Development*, vol. 14, n.º 3, pp. 233-248.

— (2015), «Middle childhood teacher-child relationships: Insights from an attachment perspective and remaining challenge», *New Directions for Child and Adolescent Development*, n.º 148, pp. 77-91.

VIJAYAKUMAR, N., *et al.* (2016), «Brain development during adolescence: A mixed-longitudinal investigation of cortical thickness, surface area, and volume», *Human Brain Mapping*, vol. 37, n.º 6, pp. 2027-2038.

VRTIČKA, P., *et al.* (2012), «Neuroscience of human social interactions and adult attachment style», *Frontiers in Human Neuroscience*, vol. 6, n.º 212, pp. 1-17.

WALLER, R., *et al.* (2013), «What are the associations between parenting, callous-unemotional traits, and antisocial behavior in youth? A systematic review of evidence», *Clinical Psychology Review*, vol. 33, n.º 4, pp. 593-608.

WANG, H., *et al.* (2016), «Can social-emotional learning reduce school dropout in developing countries?», *Journal of Policy Analysis and Management*, vol. 35, n.º 4, pp. 818-847.

WANG, M., *et al.* (2014), «Longitudinal links between fathers' and mothers' harsh verbal discipline and adolescents' conduct problems and depressive symptoms», *Child Development*, vol. 85, n.º 3, pp. 908-923.

WANG, Y., *et al.* (2002), «Development of teacher-student relationships and its relations to factors in primary school», *Psychological Development and Education*, vol. 10, n.º 3, pp. 18-23.

WARREN, C. A., *et al.* (2014), «"Who has family business?" Exploring the role of empathy in student-teacher interactions», *Penn GSE. Perspectives on Urban Education*, vol. 11, n.º 2, pp. 122-131.

WERNER, E. E., y R. S. SMITH (1982), *Vulnerable but Invincible: A Longitudinal Study of Resilient Children and Youth*, Nueva York / Londres, McGraw-Hill Education.

WESTLYE, L. T., *et al.* (2011), «Associations between regional cortical thickness and attentional networks as measured by the attention network test», *Cerebral Cortex*, vol. 21, n.º 2, pp. 345-356.

WHITE, M. G., *et al.* (2012), «FKBP5 and emotional neglect interact to predict individual differences in amygdala reactivity», *Genes, Brain and Behavior*, vol. 11, n.º 7, pp. 869-878.

WHITTLE, S., *et al.* (2011), «Hippocampal volume and sensitivity to maternal aggressive behavior: A prospective study of adolescent depressive symptoms», *Development and Psychopathology*, vol. 23, n.º 1, pp. 115-129.

— (2014), «Positive parenting predicts the development of adolescent brain structure: A longitudinal study», *Developmental Cognitive Neuroscience*, n.º 8, pp. 7-17.

— (2016), «Neurodevelopmental correlates of proneness to guilt and shame in adolescence and early adulthood», *Developmental Cognitive Neuroscience*, n.º 19, pp. 51-57.

— (2016), «Observed measures of negative parenting predict brain development during adolescence», *PLOS ONE*, vol. 11, n.º 1, pp. 1-15.

YOON, J. (2002), «Teacher characteristics as predictors of teacher-student relationships: Stress, negative affect, and self-efficacy», *Social Behavior and Personality: An International Journal*, vol. 30, n.º 5, pp. 485-494.

ZENTALL, S. R., *et al.* (2010), «"Good job, you're so smart": The effects of inconsistency of praise type on young children's motivation», *Journal of Experimental Child Psychology*, vol. 107, n.º 2, pp. 155-163.

ZINS, J. E., *et al.* (2006), «Social and emotional learning», en G. G. Bear, y K. M. Minke (dir.), *Children's Needs*, vol. III, *Development, Prevention and Intervention*, Bethesda, National Association of School Psychologists, pp. 1-13.

Índice desglosado

9. ¿Cómo transmitir las competencias socioemocionales a los alumnos?

10. Cuando los alumnos adquieren estas competencias socioemocionales

La sustancia blanca aumenta, con lo cual mejora el funcionamiento de los circuitos neuronales, 266; La maduración de la corteza prefrontal, 266; El tratamiento de la recompensa, 267; La hiperreactividad de la amígdala, 268; Las funciones cognitivas mejoran progresivamente, así como la capacidad de controlar las emociones y los impulsos, 268; La maduración de los circuitos neuronales, 269; Las relaciones con los demás modifican el cerebro del adolescente, 270